Petra Strassmeir

99 Strategien für einen entspannten Alltag mit Kind
Stressfreie Tage für Eltern von 1-6-jährigen Kindern

Disclaimer

Die Inhalte dieses Buches wurden mit größter Sorgfalt erstellt. Für die Richtigkeit, Vollständigkeit und Aktualität der Inhalte kann ich jedoch keine Gewähr übernehmen. Alle Strategien sind Vorschläge, was ein Elternteil versuchen kann, um den Alltag mit Kind zu entspannen und dabei auch seinem Kind gerecht zu werden. Die Eltern sind jedoch jederzeit selbst verpflichtet zu schauen, was zu ihnen, ihren Kindern und ihrer Lebenssituation passt und ihnen weiterhilft. Nicht jeder Tipp passt zu jeder Familie! Bei länger andauernden Schwierigkeiten mit ihrem Kind sollte der Kinderarzt ein Ansprechpartner sein.

Layoutgestaltung: Laura Reininghaus
Covergestaltung: fiverr.com/DECREATIVGRAFIX
Titelbild: S.Straßmeir

Erste Auflage: 2017

Dieses Buch widme ich allen Eltern, weil sie täglich Herausragendes leisten!

Danksagung

Ich möchte zuerst meinen Kindern danken, die mich immer wieder vor neue Herausforderungen stellen und geduldig warten, bis ich für diese Situation eine Lösung gefunden habe!

Weiterhin möchte ich allen Kindern danken, die ich jemals betreuen durfte. Ich habe sehr viel mit und durch euch gelernt.

Selbstverständlich möchte ich mich auch bei allen Mamas und Papas bedanken, die mich mit diesem Buch unterstützt haben!

Zuletzt möchte ich mich noch bei meinen Blogleser/innen bedanken. Ohne ihr Interesse an meinen Artikeln wäre dieses Buch nie entstanden.

Inhaltsverzeichnis

Vorwort

In meiner Zeit als Erzieherin und Nanny wurde ich häufig von Eltern gefragt: „Sag mal, Du hast das doch gelernt. Was würdest Du in folgender Situation machen ...?“ Als ich selbst Mutter wurde, haben sich die Anfragen vor allem von Müttern gehäuft: „Was würdest Du mir als Fachfrau und Mutter raten?“ Heute erreichen mich fast täglich Emails von Leser/innen meines Blogs „Klein wird GROSS“, persönliche Fragen von Eltern, deren Kinder ich in meiner Vorkindergartengruppe betreue oder von anderen Müttern in meiner Umgebung, die mich um einen Rat oder eine Vorgehensweise bitten, die den Alltag mit Kind wieder entspannter werden lassen.
Die Fragen wiederholen sich und ich merke, dass viele Eltern (mich eingeschlossen - obwohl ich vom Fach bin!) mit den gleichen Situationen Schwierigkeiten haben.
Aus diesem Grund habe ich mich dazu entschlossen, dieses Buch zu schreiben, das neue oder wieder vergessene Wege aufzeigt, typische herausfordernde Alltagssituationen mit jungen Kindern zu meistern.
Es ist ein Nachschlagewerk, das Du zu Rate ziehen kannst, wenn Du in einer Situation feststeckst.
Das Buch soll Dir helfen, Deinen Alltag mit Deinen Kindern zu entspannen, in schwierigen Situationen gelassener zu reagieren und Wege zu finden, den Alltag für Dich und Deine Kinder entspannter zu gestalten.
(Der besseren Lesbarkeit wegen werde ich in diesem Buch nicht diese beiden Formen verwenden: Dein/en Kind/ern! Fühle Dich bitte trotzdem angesprochen, egal ob Du ein oder mehrere Kinder hast.)

Ich will ganz besonders betonen, dass ich Dich mit diesem Buch nicht unter Druck setzen möchte, perfekt zu sein oder zu werden! Wir sind alle Menschen und machen Fehler, für die wir uns - wenn wir Größe haben - bei unseren Kindern entschuldigen. Wir haben gute oder schlechte Tage, wir sind gelassen oder unter Zeitdruck, wir sind glücklich oder traurig. All das hat großen Einfluss darauf, ob wir es schaffen, einen entspannten Alltag mit Kind zu leben.
Die Strategien in diesem Buch kannst Du als Möglichkeiten sehen, welche dir in bestimmten Situationen helfen können. Ob diese für Dich und Deine Kinder stimmig und passend sind, musst du selbst beobachten.
Manchmal werden die Strategien Deinen Alltag sofort erleichtern, an-

dere Male willst Du sie vielleicht ein bisschen abändern. Wieder ein andermal wirst Du feststellen, dass eine Strategie heute überhaupt nicht funktioniert aber wenn Du sie ein Jahr später verwendest, sie genau die Richtige für Euch ist.
Es ist Dir bestimmt aufgefallen, dass ich Dich mit „Du" anspreche. Ich habe dieses Buch als Mutter (und Fachfrau) für Mütter und Väter geschrieben. Aus diesem Grund habe ich mich dazu entschlossen, Dich mit „Du" anzusprechen. Persönlich: von Mutter zu Mutter bzw. Vater.
Ich wünsche Dir ganz viel Freude und Gelassenheit in Deinem Alltag mit Deinen Kindern und hoffe, dass Du viele Strategien in diesem Buch findest, die Deinen Alltag mit Kindern entspannen. Auch sollen sie Dich dazu inspirieren, neue Wege zu gehen, die zu einem harmonischeren Alltag führen.

Alles Gute für die gemeinsame Zukunft mit Deinen Kindern!
Petra Straßmeir

Was Dich erwartet

In diesem Buch erwarten Dich drei Teile, die Dir helfen, Deinen Alltag mit Kind stressfreier werden zu lassen.
Im ersten Teil „Entspannter Alltag mit Kind“ geht es um ganz typische Alltagssituationen von Eltern. Dort kannst Du Dir die Bereiche herauspicken, in denen es bei Dir im Moment stressig ist.
Im zweiten Teil „Entspannte Eltern“ gehe ich darauf ein, was Eltern für sich verändern können, um gelassener zu werden. Gelassene Eltern entspannen den Familienalltag ungemein. Der Eltern-Teil ist interaktiv mit kleinen Übungen gestaltet, die helfen können, gelassener im Alltag mit Kind zu werden.
„Entspannte Kinder“ macht den dritten Teil dieses Buchs aus und hier geht es um die Kinder und was sie brauchen, um einen entspannten Alltag zu haben und zu einem stressfreien Ablauf beizutragen.

Das Buch beschreibt 99 Strategien, wie Du es schaffst, Deinen Alltag mit Kind zu entspannen. Selbstverständlich erleichtern Dein Partner und/ oder die Großeltern Deinen Alltag mit Kind, wenn sie tagsüber präsent sind. Dieses Buch jedoch habe ich bewusst so geschrieben, dass Du nicht unbedingt jemand anders benötigst, um den Alltag zu entspannen.
In diesem Buch findest Du Strategien aus der Praxis und für Deinen Alltag, die ich mit meinen eigenen bzw. von mir betreuten Kindern benutzt habe. Dabei habe ich immer die Bedürfnisse von Kindern im Blick. Aus diesen Strategien pickst Du Dir jene heraus, die zu Dir und Deinem Kind passen.

Wie Du dieses Buch nutzen kannst

Du hast zwei Möglichkeiten, dieses Buch zu nutzen:

Möglichkeit 1: Die klassische Nutzung
Du liest das Buch von Anfang bis zum Ende durch. Dabei erhältst Du einen umfassenden Blick, was Du umsetzen kannst, um Deinen Alltag mit Kind stressfreier zu gestalten. Danach suchst Du Dir eine Strategie aus, die du als nächstes ausprobieren möchtest. Wenn diese gefestigt ist, kannst du eine weitere Strategie versuchen.

Möglichkeit 2: Die themenorientierte Lesart
Du liest Dir das Inhaltsverzeichnis durch und springst zu einem Thema, das Dich entweder brennend interessiert oder zu dem Du im Moment Hilfe benötigst. Auf diese Weise kannst Du von einem Thema zum nächsten springen.

Es folgen nun ein paar Tipps, wie Du das Buch nutzen kannst, ohne Dich im Alltag unter Druck zu setzen:
Suche Dir eine Sache aus, die Du als erstes verändern möchtest und konzentriere Dich darauf. Ein Tag mit Kind ist lange und wenn Du Dein Verhalten in verschiedenen Bereichen, bzw. zu vielen Tageszeiten kontrollieren musst oder willst, wird das ziemlich anstrengend werden. Frustration und die Aufgabe der Veränderung werden bald folgen!
Sei Dir bewusst: Jedes Kind ist anders – bei dem einen Kind hilft die eine Strategie, beim anderen Kind wiederum eine andere. Auch jeder Erwachsene ist anders und lebt in anderen Umständen. Es kann nicht die einzig mögliche Art und Weise geben, um Deinen Alltag mit Kind entspannter werden zu lassen. Deshalb habe ich in diesem Buch unterschiedliche Strategien aufgezeigt. Probiere sie aus und schaue, welche bei Dir und Deinem Kind funktionieren und zu eurer Lebenssituation passen.

Nimm das Buch als Inspiration, neue Wege auszuprobieren. Du musst nicht alle davon umsetzen. Betrachte das Buch als Nachschlagewerk.
Du musst nicht alles Gelesene perfekt umsetzen! Anfangen, ausprobieren, kleine Veränderungen vornehmen und das Ergebnis wieder beobachten ist gut genug!

Teil 1: Entspannter Alltag mit Kind

Strategien für die Morgenroutine

Es ist 8 Uhr und wir, das heißt meine Kinder und ich, sollten das Haus bis spätestens 8.10 Uhr verlassen, um rechtzeitig in den Kindergarten zu kommen. Meine Tochter steht noch in Unterwäsche da und mein Sohn müht sich damit ab, seine Socken selbst anzuziehen. Es ist zum Verrückt werden: Bis meine Kinder mit dem Frühstück fertig sind, ist die Zeit (egal wie früh wir aufgestanden sind) knapp geworden. Kurz vor 8 Uhr müssen noch Kleidungsstücke gefunden, Haare gekämmt, das Lieblingskuscheltier gesucht oder Streitigkeiten geschlichtet werden. Mein Herz schlägt schneller, der Stress nimmt zu, bis wir das Haus zum letztmöglichen Zeitpunkt verlassen. Diese Art von Morgenroutine ist anstrengend und kräftezehrend. Deshalb ist es auch kein Wunder, wenn ich gereizte Worte ausstoße oder die Stimme anhebe.
Vor zwei Jahren war die Morgenroutine ein täglicher Kampf für mich und endete erst zu dem Zeitpunkt, zu dem ich aus dem Kindergarten herausging. Ich wollte es nicht mehr hinnehmen, dass ich meine Kinder am Morgen herumkommandieren musste und dass ich in ständiger Anspannung am Morgen lebte. Deshalb habe ich nach und nach verschiedene Veränderungen durchgeführt, welche unsere Morgenroutine entspannt haben. Was nicht heißen soll, dass wir nicht hin und wieder so einen Morgen haben, wie oben beschrieben.
Willst Du auch eine entspannte Morgenroutine für Dich und Deine Kinder? Dann probiere erst einmal eine dieser Veränderungen aus und später kannst Du weitere Veränderungen dazu nehmen. Und wenn es einmal nicht so gut klappt, ist das auch normal und okay!

Strategie 1: Sanftes Wecken für Langschläfer

Fällt es Deinem Kind sehr schwer morgens aufzustehen? Dann braucht Dein Kind Zeit für den Übergang zwischen Schlafen und Wachsein. Das erreichst Du, wenn Du Dein Kind in drei Schritten weckst. Du schenkst Deinem Kind dadurch die Möglichkeit, langsam aufzuwachen und einen sanften Übergang zum Wachsein zu haben:
Über den Kopf streicheln und sagen: „Gleich ist es Zeit aufzustehen. Ich gehe jetzt in die Küche und bereite das Frühstück vor, dann hole ich dich.“ Streichle Deinem Kind dabei so lange über den Rücken, bis es sich

anfängt zu Strecken oder andere Bewegungen zu machen. Dann gehst Du raus und bereitest das Frühstück vor.
Wenn Du fast alles vorbereitet hast, gehst Du zurück zu Deinem Kind und sagst ihm, dass das Frühstück gleich fertig ist. Falls es wieder eingeschlafen sein sollte - was häufig vorkommt - dann weckst Du es erneut mit einem sanften und doch kräftigen Rückenstreicheln. Spreche dabei mit Deinem Kind, bis es sich nicht nur streckt, sondern auch die Augen einmal öffnet. Dann gehst Du wieder hinaus und stellst die letzten Dinge auf den Frühstückstisch oder machst die Brotzeitboxen für den Kindergarten fertig.
Wenn alles bereitsteht, gehst Du zu Deinem Kind, weckst es gegebenenfalls noch einmal auf und nimmst dann Dein Kind an der Hand und führst es zum Frühstückstisch. (Oder Du trägst Dein Kind dorthin)

Weitere Möglichkeiten für ein sanftes Wecken sind: die Helligkeit im Raum langsam erhöhen (zum Beispiel mit einem Lichtwecker), Musik einschalten oder eine Naturgeräusche-CD einlegen.
Falls es Dir selbst nicht leicht fällt, am Morgen aufzustehen, dann ist es empfehlenswert, dass Du den Frühstückstisch am Abend deckst, die Boxen für den Kindergarten herausstellst, die Flaschen der Kinder bereit stellst und Deine eigene Tasche packst, sodass Du es am Morgen ruhiger angehen kannst.

Strategie 2: Wecken lassen für Aufsteh-Aufschieber

Ist Dein Kind bereits 5 oder 6 Jahre alt und will das Aufstehen immer noch einmal um fünf Minuten hinausschieben, sodass es letztendlich viel zu spät aufsteht, um sich noch mit Ruhe selbständig anzuziehen und zu frühstücken? Dann könnte ein schnelles (jedoch nicht sanftes) Aufstehen helfen, um aus diesem Kreislauf auszubrechen.
Bespreche mit Deinem Kind die Situation des Aufstehens, das es oft weint oder Du schimpfst, weil es sich beeilen soll. Schaut, ob es eine Alternative wäre, dass ein Wecker die Aufgabe des Weckens übernimmt.
Wichtig: Dein Kind sollte auf jeden Fall sein Einverständnis dazu geben, dass es in Ordnung ist, von einem Wecker geweckt zu werden! Im besten Fall ist es begeistert von dieser Idee.
Versucht es und experimentiert, wann es besser klappt: Wenn der Wecker neben dem Bett steht oder weiter weg, sodass das Kind aus dem

Bett steigen muss, um den Wecker auszuschalten.

Vielleicht klappt es noch besser, wenn Dein Kind den Familienweckdienst übernehmen darf? Dein Kind steht mit Wecker auf und darf dann die noch schlafenden Familienmitglieder sanft aufwecken. (Achtung: stelle Dir lieber zur Sicherheit einen zweiten Wecker)

Strategie 3: Getragen werden für müde Kinder

Manche Kinder stehen nach dem Aufwachen noch völlig neben sich und kommen nicht in die Gänge. Es kann eine schöne Routine sein, wenn Du Dein Kind weckst, dann in den Arm nimmst, um zu kuscheln und es danach zum gedeckten Frühstückstisch trägst. Dort kann es dann im Sitzen und beim Essen richtig wach werden und in den Tag starten.

Strategie 4: Humor für Wickel-Verweigerer

Manchmal wollten meine Kinder, und die von mir betreuten Kinder, ihre Windeln nicht wechseln lassen – auch nicht, nachdem ich ihnen Zeit gelassen, Verständnis gezeigt und sie zu Ende habe spielen lassen. Diese Kinder sträubten sich dagegen, zum Wickeltisch zu gehen. Das war der Zeitpunkt, an dem ich auf meine Geheimwaffe zurückgriff - den Humor. Ich klopfte dem Kind spielerisch auf die dicke Windel und rief: „Oh fühle einmal, wie voll die Windel ist. Wenn wir die nicht schnell wechseln, dann platzt sie und macht PLATSCH." Dabei machte ich ganz große Augen, klatschte in die Hände und warf danach meine Hände theatralisch nach oben – einfach etwas Lustiges, dass das Platsch optisch begleitete und für Kleinkinder amüsant war.
Die Kinder fanden das meist sehr amüsant und lachten. „Ich hebe dich jetzt auf den Wickeltisch, bevor die Windel PLATSCH macht. Oh pass auf, halte deinen Popo hoch, du zerdrückst mir ja die Windel und dann hören wir ein PLATSCH." (Bei jedem Platsch begleitende Geräusche und lustige Gesichter machen!) Das unterhielt die Kinder, während ich sie auf den Wickeltisch legte und begann, ihre Windel zu öffnen.

Strategie 5: Achtsames Windeln wechseln für unruhige Wickel-Kinder

In unserer Gesellschaft wird Schnelligkeit und Effektivität als erstrebenswert angesehen. So ist es nicht verwunderlich, dass viele Eltern dem Irrglauben verfallen, dass es gut sei, die Windeln schnell zu wechseln. Ich habe früher auch gedacht, je schneller ich die Windeln wechsle und das Kind abputze, desto eher kann das Kind wieder spielen gehen. In einem Online-Seminar zum Thema Piklerpädagogik hat Lucie Gräbe erwähnt, wie wichtig es ist, den Kindern mit langsamen und sanften Berührungen zu begegnen und ihnen mitzuteilen, was man tut. Ich habe das beim Windeln wechseln umgesetzt und eine große Veränderung des Wickelverhaltens meines Sohnes festgestellt. Er lag viel entspannter auf dem Wickeltisch und half aktiv mit. Durch meine Ankündigungen, was ich jetzt tun werde, wusste er, wie er mithelfen konnte. Die langsamen Bewegungen schien er viel gelassener über sich ergehen zu lassen, als das zuvor schnelle Abputzen.

Strategie 6: Mithelfen lassen für sich sträubende Wickel-Kinder

Kinder lieben es, Dinge selbst zu tun - auch beim Windeln wechseln. Lass Dein Kind die volle Windel öffnen, bitte es seinen Popo zu heben, gib ihm die neue Windel zum Auffalten und lass sie von Deinem Kind schließen.
Ich habe es auch erlebt, dass Kinder, die sich enorm gegen das Wickeln auf dem Wickeltisch sträubten, ganz prima mitgemacht haben, wenn wir das im Stehen erledigten. Wenn Urin in der Windel ist, ist das einfach - und ich kenne Mütter, die das auch beim großen Geschäft schaffen.

Strategie 7: Kleider-Mensch am Abend hinlegen für Mini-Teenager

Da meine Tochter (damals 4 Jahre) immer etwas länger brauchte, um am Morgen ihre (Lieblings-)Kleidungsstücke zu finden, bzw. ein Kleidungsstück auszuwählen, wenn das Lieblingsstück in der Wäsche war, brauchten wir eine Lösung.
Ich fügte einen Punkt in ihrer Bett-geh-Routine hinzu: Die Kleidung für den nächsten Tag herauslegen. Ich zeigte ihr, wie sie einen Kleidungs-Menschen auf den Teppich legen kann, was sie sehr lustig fand

und jeden Abend machte. Dein Kind soll die Hose unten und den Pullover darüber so hinlegen, dass ein liegender „Kleider-Mensch“ entsteht. Die Socken gehen dorthin, wo die Füße wären. Die Unterwäsche wird oben auf die Hose oder den Pulli gelegt, damit die Reihenfolge beim Anziehen stimmt.

Strategie 8: Eigene Verhaltensänderung für die „alleine-machen“-Phase

Mein Sohn war mit zwei Jahren in der „ich will es alleine machen“-Phase. Wenn er ein Kleidungsstück alleine anziehen wollte, konnte das eine gewisse Zeit in Anspruch nehmen. Irgendwann entschloss ich mich, nicht mehr wartend daneben zu stehen, bis er es endlich schaffte, die Socke über die Zehen zu ziehen. Das hätte mich innerlich immer unruhiger werden lassen, weil die Zeit am Morgen oft knapp war.
Stattdessen wandte ich mich anderen Dingen zu, wie zum Beispiel meiner Tochter beim Haare Kämmen helfen, Kinderrucksäcke packen oder Jacken, Mützen und Co. bereitzulegen. Danach schaute ich auf meinen Sohn, der es entweder geschafft hatte seine Socke anzuziehen oder in der Zwischenzeit bereits nach meiner Hilfe rief. Wenn er weder fertig war noch meine Hilfe verlangte, aber die Zeit knapp wurde, half mir oft ein freundliches „Soll ich dir helfen?“, das meistens akzeptiert wurde.

Strategie 9: Anziehspiele für Trödler oder Verweigerer

Wollten sich Kinder nicht anziehen (lassen), dann waren Anziehspiele immer meine Rettung, um es doch noch pünktlich aus dem Haus zu schaffen. Ich sagte: „Komm, lass uns deine Finger im Pulli verstecken und dann suchen.“ Bei dem Satz schlüpften die Kinder ganz schnell mit der Hand in den Ärmel und wir suchten die Finger, bis sie unten herauskamen.
Oder wir beobachteten gespannt, wie die Schlange (das Bein) sich durch das Hosenbein schlängelte und wir dann unten feststellten, dass es der Fuß war, welcher noch schnell gekitzelt wurde.

Weitere Variationen sind:

Die Maus (der Fuß des Kindes) auf ihrem Weg durch die Mäusegänge

(Hosenbein) zu fangen, bevor sie aus dem Mäuseloch (Ende des Hosenbeins) heraus schaut.
Das Kind beim Pullover Anziehen suchen. Erst den Kopf suchen, bis er oben durchschaut, um daraufhin dann die Finger und Arme zu suchen.

Strategie 10: Methode für weglaufende Kinder

Wenn Kinder während des Anziehens weglaufen sollten, dann kannst Du daraus ein Fangen-Anzieh-Spiel machen: Schnappe Dir die restlichen Kleidungsstücke mit einem: „Na, wenn ich dich erwische", fange Dein Kind ein mit: „Du bist ganz schön schnell weggelaufen. Kannst du genauso schnell in deine Hose hinein schlüpfen?" Danach kannst Du es mit Anziehspielen (Strategie 9) bei Laune halten, um es vom weiteren Wegrennen abzuhalten.
Das alles geht schneller, als wenn Du Dich über Dein Kind ärgerst und es versuchst mit dem Erheben Deiner Stimme oder Konsequenzen zu Dir zu locken. Meistens gewinnt der Spieltrieb des Kindes.

Strategie 11: Brotzeitboxen während des Frühstücks zubereiten

Sitzen Deine Kinder auch so gerne am Frühstückstisch wie meine, um in aller Ruhe zu essen? Das ist einerseits schön und ich finde es auch gut, dass sie mit einem gefüllten Bauch in den Tag starten. Andererseits fehlt diese Zeit für die restliche Morgenroutine.
Deshalb bin ich dazu übergegangen, die Brotzeitboxen für den Kindergarten beim Frühstücken zu machen (weil ich nicht so lange esse, wie meine Kinder). So sitze ich mit ihnen am Frühstückstisch, kann noch mit ihnen reden und ihnen die Zeit für ein entspanntes Frühstück zugestehen. Trotzdem nutze ich die Zeit, um einen weiteren Punkt der Morgenroutine abzuhaken.

Strategie 12: Für Kinder, die sich schnell ablenken lassen und deshalb trödeln

Schafft es Dein Kind nicht, sich am Morgen auf das Anziehen zu konzentrieren? Dann sind selbst gemalte oder mit Bildern versehene Pläne eine

wundervolle Erinnerungshilfe für Kinder ab zwei Jahren.
Überlege am besten mit Deinem Kind gemeinsam, was alles vor dem Verlassen des Hauses getan werden muss. Dann bringst Du diese Sammlung in eine für euch logische Reihenfolge und malst es mit Deinem Kind in dieser Reihenfolge auf. Oder Du fotografierst Dein Kind bei diesen Tätigkeiten und klebst die Fotos in der richtigen Reihenfolge untereinander auf.
Ein Beispiel: Frühstücken, Zähne putzen, Haare kämmen, Anziehen, Brotzeitbox in den Rucksack packen, Jacke und Schuhe anziehen.

Um die Motivation Deines Kindes zu erhöhen, sich an diesen Plan zu halten, lohnt es sich, ein spielerisches Element einzubauen: Am besten steckst Du diesen Plan in eine Klarsichthülle oder laminierst es ein, dann kann Dein Kind die einzelnen Bilder jeden Morgen aufs Neue mit einem Folienstift abhaken oder Durchstreichen. Am Abend wischt Du es mit einem Lappen ganz schnell wieder ab.
Oder Du faltest einen längeren Kartonstreifen horizontal und malst die Tätigkeiten Deines Kindes auf die untere Hälfte des (geöffneten) Kartons. Die obere Hälfte schneidest Du jeweils bis zur Mitte ein, sodass sie eine Tätigkeit verdecken. So verfährst Du mit der oberen Hälfte, bis alle Tätigkeiten zugedeckt werden können. Diese entstandenen Klappen kann Dein Kind öffnen und schließen, wenn Du sie mit Klettverschlussstücken versiehst.
Je nach Alter Deines Kindes gehst Du mit ihm die Bilder und die dazu gehörigen Handlungen ein paar Mal durch. Macht dies solange, bis Dein Kind weiß, was es der Reihe nach anhand der Bilder tun soll.
Für Kinder, die sich die komplexen Handlungsabläufe nicht sofort merken können (zum Beispiel Zweijährige), empfiehlt es sich, die Bilder gemeinsam anzuschauen und die Abläufe mit einer begleitenden Erklärung sofort auszuführen. Nach einigen Tagen weiß es dann auch genau, was die Bilder bedeuten.
Das Beste an so einem Plan ist, dass Deine Kinder nicht ständig von Dir ermahnt werden müssen und sie sich dabei gut, groß und selbstständig fühlen. Selbstverständlich gibt es auch Tage, an denen es trotz dieses Plans nicht funktionieren wird. Dann bringt es meistens nichts, darauf zu bestehen. An einem solchen Morgen stehst Du am besten hilfsbereit zur Seite - ansonsten könnte es in einem Machtkampf enden.

Strategie 13: Wenn das Trödeln Deiner Kinder jeden Morgen Stress entstehen lässt

Unter diesem Punkt möchte ich Dir unseren Durchbruch zur entspannten Morgenroutine vorstellen und in dieser Form kannst Du mit Deinen Kindern über eure Stressmomente am Morgen sprechen:
Als ich mit den Kindern in den Ferien zusammen am Frühstückstisch saß, begann ich ein Gespräch über die Morgenroutine vor dem Kindergarten. Ich erwähnte, wie schön ich das finde, so ruhig und entspannt mit meinen Kindern zu frühstücken. Und wie ich das vermisse, wenn es ein Kindergarten-Morgen ist.
Ich fragte meine Kinder, wie sie die Morgenroutine erlebten. Meine Große (6) antwortete, dass das manchmal nicht schön ist. Mein Kleiner hörte aufmerksam zu.
Sehnsüchtig erwiderte ich: „Wäre es nicht schön, wenn jeder Morgen so ruhig wäre, wie heute? Manchmal schaffen wir es richtig gut. Andere Male nicht und es wird geweint oder ich schimpfe. Das möchte ich nicht mehr. Mmmmh, was könnten wir nach den Ferien am Morgen anders machen?" Meine Tochter überlegte erst und hatte dann zwei Lösungsstrategien. Diese Lösungen kamen nicht fertig aus ihr heraus. Sie entstanden in einem Prozess von ihren Ideen und meinem Nachfragen.
Zum Beispiel: Sie: „Du weckst mich einfach früher." Ich: „Gute Idee! Bis jetzt bist du jedoch nie schnell aufgestanden, wenn ich dich geweckt habe. Wie könnte sich das jetzt ändern?"

Die zusammengefasste Lösung war: „Mama, wenn du mich nach den Ferien früher weckst, dann stehe ich schneller auf. Wenn ich länger liegen bleibe, darfst du mir meine Decke wegnehmen. Wenn ich früher wach bin, habe ich mehr Zeit, fertig zu werden. Ich ziehe mich vor dem Frühstück an und kämme mir die Haare - während du das Frühstück herrichtest."
Während der restlichen Ferien bin ich immer wieder einmal darauf zurückgekommen: „Ich genieße unseren ruhigen Morgen. Ich freue mich darauf, dass wir das jetzt auch vor dem Kindergarten haben werden." Und ich bin nebenbei noch einmal die Lösungsvorschläge durchgegangen oder meine Tochter hat das getan. Dadurch befassten wir uns immer wieder mit der Morgenroutine und was wir anders machen werden.
Am Abend vor dem ersten Kindergartentag nach den Ferien erinnerte ich meine Kinder, dass morgen der Kindergarten wieder anfängt und ich sie früher wecken werde, wie wir es besprochen haben. Dass ich mich

freue, wenn sie sich anziehen, während ich das Frühstück vorbereite. Und wenn jemand Hilfe braucht, soll er einfach zu mir kommen oder sagen: „Mama, hilf mir bitte."
Der Wandel, der sich bereits am ersten Morgen abzeichnete, war erstaunlich. Vor allem bei meiner großen Tochter - aber auch im kleineren Rahmen bei meinem Kleinen.

Strategien für den Haushalt mit Kindern

„Das bisschen Haushalt, macht sich von allein." Kennst Du noch diesen Schlager? Du wirst wahrscheinlich bald festgestellt haben, dass dem nicht so ist. Vielmehr ist es eine Herausforderung, den Haushalt mit Kindern zu erledigen. Manchmal ist es sogar zum Verzweifeln.
Ich weiß nicht, wie es Dir geht, aber seitdem ich Kinder habe, habe ich das Gefühl, Haushalt sei eine niemals endende Aufgabe geworden. Es gibt bei zwei Kindern gefühlt viermal so viel Wäsche wie zu kinderlosen Zeiten. Die Spülmaschine scheint im Dauereinsatz zu sein und über die unheimliche Vermehrung der Krümel unter unserem Esstisch schweige ich lieber!
Da der Haushalt mit kleinen Kindern viel vom Alltag in Anspruch nimmt, fehlt es oft an Qualitätszeit mit Deinen Kindern - vor allem, wenn Du halbtags oder in einem Vollzeitjob arbeitest. Ich bin dazu übergegangen, Haushaltstätigkeiten und Zeit mit meinen Kindern miteinander zu verknüpfen. Zeit für Haushaltstätigkeiten ist zugleich Zeit mit meinen Kindern.
Ob Du nun arbeiten gehst oder zu Hause bist, ich glaube, dass die Strategien Dir dabei helfen können, den Haushalt mit Kindern entspannter zu schaffen. (Die Strategien in dem Kapitel „Haushalt mit Kind" sind ein kleiner Auszug aus meinem E-Buch „Fröhlich Haushalt mit Kind erledigen" - siehe dazu auch Seite 124).

Strategie 14: Essen kochen als Qualitätszeit mit Deinen Kindern
Kochen kann sehr anstrengend sein, wenn Dein Kind jetzt viel lieber mit Dir spielen würde und quengelnd an Deiner Hand zieht. Oder aber, wenn die Geschwister zum zehnten Mal in Folge streiten und Dich für die Konfliktlösung brauchen.
Deshalb empfehle ich Dir, öfter mit Deinen Kindern (oder mit einem davon) gemeinsam zu kochen. Es ist eine gemeinsame Zeit mit Dir, in der ihr zusammen an einem Ergebnis arbeitet. Dein Kind fühlt sich wertvoll, weil es Dir hilft und es ist Dir nahe. Gerade beim nebeneinander Arbeiten können ungezwungene Gespräche entstehen. Darüber hinaus trainieren die Kinder ihre Feinmotorik, zum Beispiel beim Gemüse schneiden oder Zutaten abwiegen und beobachten genau die Abläufe, die zum

fertigen Essen hin führen.

Praktische Tipps:
Damit Dein Kind beim Helfen nicht vom Stuhl hinunter fällt, wenn es sich auf das Schneiden von Gemüse konzentriert, kannst Du es in einen Lernturm stellen. (Im Internet gibt es Anleitungen, wie Du diesen bauen kannst.)
Falls ein Geschwisterkind nicht mithelfen, jedoch bei euch in der Küche sein möchte, dann könnt ihr gemeinsam schauen, was es denn spielen will. Du hilfst Deinem Kind dann, diese Dinge in die Küche zu tragen.

Strategie 15: Essen kochen mit einem spielerischen Ende
Ihr schneidet zuerst gemeinsam verschiedenes Gemüse für ein Gemüsegericht. Du legst von jeder Gemüsesorte ein paar Stücke in eine extra Schüssel und benennst das Gemüse dabei – für das Spiel am Ende. Wenn das Gemüse und die Beilage auf dem Herd kochen, könnt ihr das Spiel machen: Ein Geschmacksspiel.
Erkläre Deinem Kind, dass Du zuerst seine Augen zuhältst, damit es nicht sehen kann, welches Gemüsestück Du ihm in den Mund legst. Es soll seinen Mund dann öffnen, damit Du ein Stück Gemüse auf seine Zunge legen kannst. Beim Kauen soll es dann erraten, welches Gemüse es ist.

Strategie 16: Wäsche aufhängen mit Kleinkindern
Deine Kinder beobachten Dich täglich beim Haushalt machen. Gerade die kleinen Kinder möchten am liebsten alles nachmachen, was Du vormachst. Ich empfehle Dir, das auch zuzulassen, weil Du damit den Grundstein für die Mithilfe im Haushalt legst. Nie wieder wird Dein Kind mit solcher Freude und Engagement bei Haushaltstätigkeiten mithelfen. Jetzt lernt es mit Neugierde und Begeisterung!
Vorbereitung: Du brauchst eine Wäscheleine auf Kinderhöhe oder einen Wäscheständer. Braucht Dein kleines Kind einen Stuhl, um den Wäscheständer zu erreichen? Damit es nicht runter fällt, wenn es sich auf das Aufhängen der Wäsche konzentriert, kannst Du es in einen Lernturm stellen. (Im Internet gibt es Anleitungen, wie Du diesen bauen kannst.)

Je nach Alter und Geschicklichkeit Deines Kindes, lässt Du es die nassen Kleidungsstücke über die Leine legen (zeige ihm, wie es geht, dass es gut trocknen kann und nicht zu sehr knittert) oder Du gibst ihm Wäscheklammern zum Befestigen der Wäsche an der Leine.
Gib Deinen jüngeren Kindern den Auftrag, alle Socken, Strumpfhosen, Unterhosen, Unterhemden, Bodys (was immer sich gerade in Deinem Wäschekorb befindet und leicht aufzuhängen und klein ist) aus dem Wäschekorb herauszusuchen und aufzuhängen, während Du den Rest machst. Ältere Kinder können bereits alle Kinderkleidungsstücke aufhängen.

Strategie 17: Wäsche abhängen als Sortierspiel
Male Bilder oder drucke Fotos von den Familienmitgliedern aus. Wenn Du genügend Wäschewannen hast, dann kannst Du die Bilder außen an der Wanne befestigen - ansonsten geht auch ein Karton oder ein sauberer Boden anstelle der Wanne.
Gib Deinen Kindern den Auftrag, jedes Wäschestück von der Leine zu nehmen und es anzuschauen, um herauszufinden, wem es gehört. Je nach Fähigkeit Deines Kindes darf es das Kleidungsstück zusammengelegt in den jeweiligen mit Bild versehenen Wäschekorb legen. Klappt das Zusammenlegen noch nicht, dann darf Dein Kind Dir die Kleidung zum Falten anreichen und Dir sagen, in welche Wanne sie gehört. Ihr könnt auch Sockenmemory spielen: Welche zwei Socken gehören zusammen und wem gehören sie?
Eine schwierigere Variante des Sortierens wäre: Es werden nicht nur die Kleidungsstücke den Personen zugeordnet, sondern auch die Kleidung selbst sortiert. Das muss gemacht werden, bevor die Kleidungsstücke in die Wanne wandern. Ein Stapel für Hosen der einen Person, einen weiteren Stapel für die Hosen einer anderen Person.
Wenn Deine Kinder ihre gewaschenen Kleidungsstücke in ihren Kleiderschrank räumen sollen, dann kannst Du für jüngere Kinder auch gemalte Schildchen an die Regale kleben, sodass sie genau sehen, welches ihrer Kleidungsstücke wohin gehört.

Strategie 18: Störungsfreies Kehren für Dich, Spaß für Dein Kind

Wenn Dein Kind groß genug ist, um den Staubsauger zu halten und ihn ein wenig vor und zurück zu schieben, dann kannst Du mit dieser Strategie beginnen– solange es sich nicht vor dem Geräusch des Staubsaugers fürchtet:

Trage den Staubsauger zum Beispiel ins Wohnzimmer, stelle ihn auf den Teppich und bereite ihn vor. Dann darf Dein Kind den Teppich saugen, so gut es das kann und Du kehrst in der Zeit ohne größere Störung das Wohnzimmer.

Wenn Dein Kind den Teppich nur an ein paar Stellen saugt, dann saugt ihr nach dem Kehren des Wohnzimmers gemeinsam den Teppich zu Ende und geht zum nächsten Teppich und Zimmer über. So reinigt ihr jedes Zimmer, das einen Teppich hat.

Strategie 19: Erfolgreiches Kehren durch Deine Kinder - anstatt die Krümel zu verteilen

Markiere einen Teil des Bodens. Dorthin sollen alle Krümel gekehrt werden. So schaffen es auch kleine Kinder, den Schmutz an einer Stelle zu sammeln, anstatt ihn überall hin zu verteilen.

Zum Markieren kannst Du ein Seil oder ein farbiges Klebeband verwenden. Oder Du machst es wie meine Kinder: Eine Schüssel wird auf den Boden gestellt. An dem Rand der Schüssel wird der Schmutz gesammelt. Nach dem Kehren wird die Schüssel über den zusammen gekehrten Haufen gelegt.

Nun holen sie mich und erwarten das altbekannte Spiel: „Wer hat denn hier mitten im Weg eine Schüssel liegen gelassen, die muss ich wohl aufräumen!" Ich hebe die Schüssel hoch und spiele zur Freude meiner Kinder hoch erstaunt, dass sich darunter Schmutz verbirgt. Dann schaue ich mich um und drücke meine Überraschung aus, dass die Krümel unterm Tisch verschwunden sind.

Strategie 20: Zusammen mit Kindern das Bad putzen

Viele Kinder lieben das Putzen. Es reicht vollkommen aus, ihnen das Waschbecken zum Säubern zu überlassen und ihnen einen Lappen und Seife in die Hand zu drücken. Damit sind sie glücklich und beschäftigt.

In der Zeit kannst Du den Rest des Badezimmers putzen. Es kann selbstverständlich passieren, dass Deine Kinder dabei das Bad ein wenig unter Wasser setzen. Dann lasse ich jedoch das Wasser aus dem Waschbecken aus und sie dürfen nur noch mit einem feuchten Lappen wischen. Eine andere Methode ist es, Deine Kinder in der Badewanne spielen zu lassen und Du putzt währenddessen im Badezimmer.

Falls Dein Kind zum Beispiel fünf Jahre alt ist und es bis jetzt noch nicht im Haushalt mithelfen konnte, weil Du es alleine gemacht hast, kann es sein, dass es keine Lust mehr hat zu helfen. Dann könntest Du im Gespräch mit ihm klären, welche Aufgabe es gerne im Haushalt übernehmen mag, wie Waschbecken putzen oder Tisch abputzen. Dies könnt ihr dann auch mit Erinnerungsbildern festhalten.
Meine Kinder bevorzugen es jedoch, dass sie sich täglich aussuchen können, welche Tätigkeit sie heute für die Familie machen möchten. Das kann heute kehren und morgen staubsaugen sein. Ich nehme ihre Vorschläge so an, wie sie kommen – auch wenn das Staubsaugen heute nicht so wichtig wäre, wie das Ausräumen der Spülmaschine.

Strategien für das Essen mit Kindern

Die Essenszeit mit Kindern ist manchmal ein richtiger Spagat für Eltern zwischen „die Kinder selber machen lassen" und „die Maßnahmen zur Einschränkung der Sauerei." Du weißt, dass es wichtig für Dein Kind ist, selbstständig zu essen, aus einem Becher das Trinken zu lernen, das Essen mit den Händen zu erforschen und dass es ihm vielleicht schwer fällt, länger ruhig auf seinem Stuhl zu sitzen.

Trotzdem möchtest Du bestimmt nicht, dass es beim Essen eine richtige Sauerei auf oder unter dem Tisch gibt. Dann gibt es ein paar Strategien, die Dir gerade bei jüngeren Kindern sehr gute Dienste erweisen:

Strategie 21: Besonderes Lätzchen für junge Kinder
Kaufe ein Lätzchen mit Auffangschale und ziehe es Deinem kleinen Kind vor jedem Essen an. Die Auffangschale fängt den Großteil des vom Löffel gefallenen Essens auf ebenso wie das Getränk aus dem Becher, das nicht den Weg in den Mund gefunden hat. All das musst Du danach nicht mehr aufputzen oder kehren, somit fällt es Dir bestimmt leichter, Dich am Essenstisch zu entspannen. Achtung: Wenn Dein Kind satt ist, solltest Du zügig das Lätzchen ausziehen, bevor es das selbst tut und der Inhalt doch auf dem Boden landet!

Strategie 22: Weniger Trinkunfälle am Tisch
Wenn Dein Kind aus einem richtigen Becher oder Glas trinken möchte, dann sollte das Trinkglas Deines Kindes schlank sein, damit es besser gehalten werden kann. Wenn Du einen bauchigen Becher hinstellst, dann gibt es mehr Trinkunfälle. Bringe Deinen Kindern ganz früh bei, dass sie ihren Trinkbecher oben am Teller abstellen (falls es noch nicht klar ist, ob Dein Kind rechts- oder linkshändig greift) oder seitlich oberhalb des Tellers, damit die Gefahr des Umstoßens mit dem Arm geringer ist.

Strategie 23: Der Sauerei ein Ende setzen

Es ist gut und wichtig für Dein Kind, das Essen auch mit den Fingern zu erkunden. Je jünger desto wichtiger. Wenn Dein Kindergartenkind jedoch eine riesengroße Sauerei macht und Du es nicht länger mit ansehen kannst, dann versuche Folgendes zu sagen: „Ich glaube, du bist satt! Ich räume jetzt deinen Teller ab und du gehst deine Hände waschen." Kommt jetzt großer Protest, dann hat Dein Kind noch Hunger und Du kannst sagen: „Oh, du hast noch Hunger. Ich dachte, du willst mit dem Essen spielen. Okay, dann iss jetzt noch fertig. Bald räume ich den Tisch ab."

Strategie 24: Essensregel einführen

Grundsätzlich wird bei uns ausschließlich am Tisch gegessen. Das habe ich meinen Kindern bereits ganz früh beigebracht. Kleine Snacks können auch an ihrem Kindertisch eingenommen werden. Dorthin können Sie kommen und gehen, solange sie am Kindertisch essen und die Snacks nicht durch die ganze Wohnung tragen. Diese Regel erleichtert Dir die Krümelkontrolle!

Strategien für den Geschwisterstreit

Diese Rangeleien um ein Spielzeug, ein Buch, Deine Aufmerksamkeit, Deinen Schoß oder erster sein zu dürfen, rauben Dir an manchen Tagen vielleicht Deine letzten Reserven – nicht zuletzt, weil Geschwisterstreit so unglaublich laut ist (zumindest bei uns!).
Deshalb bin ich so glücklich, Methoden gefunden zu haben, die Kindern helfen, aus dieser verzweifelten und wütenden Gefühlslage herauszukommen. Sie hilft Kindern, sich bei Streitigkeiten schneller zu beruhigen, sodass alle zum konstruktiven Teil – dem Finden einer Lösung – übergehen können.
Trotzdem sind Geschwisterstreitigkeiten anstrengend für die Eltern, weil Kinder ganz viel Übung und Beistand benötigen, bis sie die Fähigkeit der Konfliktlösung erlernt haben. Das heißt, Eltern werden den Geschwisterstreit nicht so schnell wieder loswerden und sie brauchen Zeit, um ihren Kindern bei der Lösung des Konflikts zur Seite zu stehen. Unterstützung brauchen die Kinder deshalb, weil sie beim Streiten so unter Strom stehen, dass sie gar nicht dazu in der Lage sind, in dem Moment nach Lösungen zu suchen. Im Streit leben sie ihre Gefühle aus, welche sie noch nicht alleine in den Griff bekommen.

Strategie 25: Wie Du Deine Kinder bei Streitigkeiten beruhigst – in 3 Schritten:

1. Wenn der Geschwisterstreit ausgebrochen ist und Weinen, Verzweiflung oder Wut die Folge ist, dann konzentriere Dich zuallererst darauf, dass sie sich nicht weiterhin weh tun. Gehe körperlich zwischen Deine Kinder. Danach kannst Du Dich auf die Gefühle Deiner Kinder fokussieren. Gib verbal (oder spiegele) das Gefühl jedes Kindes wieder (welches Du erspürst oder vermutest)
   „Du bist richtig wütend, weil..."
   „Du bist so traurig, weil..."
2. Wenn das Wiederspiegeln der Gefühle angekommen ist (das Kind nickt dazu oder sagt selbst, was es fühlt), gib ihm die Bestätigung, dass es okay ist, das zu fühlen: „Ja, das kann ich verstehen, dass du wütend bist." Dadurch fühlt sich Dein Kind angenommen mit seinen Gefühlen und verstanden. Außerdem fühlt es, dass es nun nicht

mehr mit seinen starken Gefühlen alleine ist.

3. Danach schaust Du, ob Körperkontakt (über den Kopf streicheln, Rücken streicheln, Kuscheln) erwünscht ist und tröstest entweder mit einer Umarmung, Kuscheln, Streicheln oder mit leisem Sprechen – so lange, bis die Emotionen draußen sind und das Kind/die Kinder sich beruhigt haben.

Das kannst Du abwechselnd mit beiden Kindern machen oder nacheinander, wie es für euch am besten passt. Danach fällt es allen Beteiligten wieder leichter, nach einer Lösung zu suchen, die für alle stimmig ist.

Strategie 26: Das Konflikte Lösen der Kinder unterstützen
Setze Dich zwischen die streitenden Kinder und sage ihnen, dass Du Dir jetzt beide Kinder anhören wirst, was sie über das andere Kind bzw. den Streit zu sagen haben.
Frage, wer anfangen will zu erzählen, was vorgefallen ist. Wenn beide Kinder als Erstes loslegen wollen und ein neuer Streit darüber im Anmarsch ist, bestimmst Du, dass das jüngere Kind beginnen darf. Sage ihnen, dass jeder gleich viel Zeit hat (demonstrativer Blick auf die Uhr) und es somit egal ist, wer anfängt zu erzählen.
Dann widmest Du Dich dem Kind, das anfängt und fragst, was los war, warum es weint oder was es so geärgert hat. Du hörst zu und wiederholst mit Deinen Worten, was es gesagt hat. Falls das andere Kind sich einmischt, sage freundlich und bestimmt: „Warte noch kurz, gleich bist Du dran!"
Sollte die Erzählung des ersten Kindes zu lange werden (zwei bis drei Minuten sollten reichen, sonst wird das zweite Kind zu ungeduldig), sagst du sanft, dass seine Erzählzeit gleich vorbei ist und es noch eine wichtige Sache erzählen darf.

Danach kommt das zweite Kind dran. Du fragst, hörst zu und wiederholst das Gesagte wie zuvor beschrieben. Nachdem beide Kinder ihre Sichtweise zum Ausdruck gebracht haben, werden sie nun eine Lösung für ihr Problem finden:
Du wiederholst kurz die Streitpunkte und Ärgernisse beider und fragst danach beide Kinder, was sie jetzt machen können, damit sie sich wieder vertragen, zusammen weiterspielen können oder was sie brauchen,

damit es beiden wieder gut geht.
Lass die Kinder nach einer Lösung suchen. Wird eine Lösung vorgeschlagen, fragst Du beide Kinder, ob diese Lösung für sie okay ist. Wenn ja, dann können sie wieder spielen gehen, wenn nein, muss eine neue Lösung gefunden werden. Solange, bis beide Parteien einverstanden sind.
Bei jüngeren Kindern kannst Du bei der Lösungssuche unterstützend mitmachen. Es wäre aber gut, wenn Du Dich zuerst solange zurückhältst, bis Du merkst, dass sie keine Lösungen vorschlagen werden bzw. keine für beide Seiten machbaren Vorschläge finden werden. Es ist im weiteren Verlauf wichtig, dass die Kinder das Gefühl haben, sie hätten die Lösung allein gefunden, denn dann halten sie sich viel lieber dran.
An dieser Strategie gefällt mir, dass ich den Streit selbst nicht schlichten muss, denn ich bestimme nicht, was jetzt zu tun sei, oder wer der „Böse" ist. Oft reicht es, dass beide Kinder ihren Ärger loswerden konnten und danach rennen sie wieder zum gemeinsamen Spielen, weil sie gar keine Lösung brauchen. Meiner Erfahrung nach finden die Kinder schnell eine einfache Lösung und sind glücklich damit. Der Streit ist schnell vergessen.

Es gibt auch Kinder, die nach einem Streit nicht über das Vorgefallene reden möchten. Manche setzen sich auch in irgendeine Ecke oder gehen ins Kinderzimmer zum Weinen. In diesem Fall kannst Du Trost anbieten und fragen, ob es mit Dir Kuscheln möchte oder ihm sanft über den Rücken streicheln (beobachte dabei, ob dies erwünscht ist). Manchmal ist es auch hilfreich, die Gefühle des Kindes zu benennen oder zu erfragen: „Du bist traurig" oder „Bist du wütend, weil dir deine Schwester die Puppe weggenommen hat?"

Strategien für das Aufräumen mit Kind

Hast Du nicht erst gestern das Kinderzimmer aufgeräumt, die Spielsachen schön in Boxen sortiert und Dich über die Ordnung im Kinderzimmer gefreut?
Nur um einen Tag später Angst davor zu haben, einen Blick ins Kinderzimmer zu werfen? Kleidung, die aus dem Schrank auf der Suche nach dem Lieblingspulli gezogen wurde, liegt verstreut auf dem Teppich. Dazwischen liegen gefühlte eintausend kleine Edelsteine und andere Schätze Deines Kindes, von denen es sich nicht trennen kann.
Damit Dein Kind Dir lieber beim Aufräumen hilft, empfehle ich, dies spielerisch zu tun (weitere Aufräumspiele findest Du in meinem E-Buch „die 15 besten Aufräumspiele" - siehe dazu auch Seite 122):

Strategie 27: Spielsachen sprechen lassen

Kinder zwischen 2 und 6 Jahren sind in der magischen Phase. Das kannst Du beim Aufräumen nutzen und die Spielsachen (oder Kleidungsstücke) sprechen lassen, wohin sie aufgeräumt werden wollen. Am besten gibst Du jedem Stück eine andere Stimme – einmal hoch, ein anderes Mal tief, einmal laut, leise, singend oder krächzend – dann steigt der Unterhaltungswert und lenkt somit vom (langweiligen) Aufräumen ab.
Beispiel: Jacke: „Ich will an den Haken gehängt werden, Haaaaaaaalllooooooooo, ich liege hier auf dem Boden und ich kann gar nichts sehen. Bitte hänge mich auf!" Du kannst die Jacke aufheben und mitleidig sagen: „Du Arme, du wirst gleich aufgehängt werden" und reichst die Jacke an Dein Kind weiter. Du wirst ausprobieren müssen, welche Sprüche und welche Witze Dein Kind motivieren, um das Spielzeug oder die Kleidung tatsächlich aufzuräumen.

Strategie 28: Aufräumen mit Hilfe eines Küchenweckers

Dieses Spiel eignet sich besonders gut für Unordnung in einem Zimmer. Die Vorgehensweise: Wenn Dein Kind wieder nicht aufräumen mag, sage ihm: „Weißt du was, ich hole jetzt den Küchenwecker und wir machen einen Wettlauf mit dem tickenden Wecker. Was meinst du, schaffen

wir es gemeinsam aufzuräumen, bevor der Wecker klingelt?"
Du holst den Wecker und stellst ihn großzügig ein – plane extra fünf bis zehn Minuten mehr ein. „Auf die Plätze fertig los" und dabei rennst Du los und fängst superschnell an zum Aufräumen und redest wie zu Dir selbst: „Ja, das schaffen wir, schnell aufräumen, der Wecker tickt. Was meinst du, sind wir schnell genug, dass wir es schaffen, bevor der Wecker klingelt?"
Wenn Du siehst, dass der Wecker bald klingelt dann rufe: „Huch, gleich klingelt es. Jetzt müssen wir uns aber beeilen! Schneller, ja wir schaffen es! Nur noch die Legosteine. Ja geschafft, sind wir nicht super?" um ihm ein Erfolgserlebnis zu verschaffen.
Wenn Dein Kind mit Hilfe des Küchenweckers alleine aufräumen soll, dann empfehle ich Dir, es zu machen, wenn es sich um kleine Mengen Spielsachen handelt. Ansonsten könnte Dein Kind schnell entmutigt sein und gar nicht erst anfangen.

Strategien für die Bett-Geh-Routine

Kleine Kinder abends in ihren Schlaf zu begleiten, ist nicht immer einfach, denn es erfordert Zeit, manchmal viele Nerven und ganz oft sehr viel Geduld, bis die Kleinen schlafen. Doch all die Stunden, die Du Deinem Kind zum Einschlafen und in der Nacht schenkst, investierst Du in Deine Beziehung zu ihm. Du gibst Deinem Kind Sicherheit und Geborgenheit. Sein Urvertrauen in Dich und die Welt bleibt unerschüttert.
Halte Durch! Dein Kind „entlohnt" Dich, wenn es Dich mit liebenden, strahlenden Augen anschaut und sich lächelnd an Dich kuschelt, weil es weiß: Du bist sein sicherer Hafen!
Um Dir das Durchhalten zu erleichtern und etwas Entspannung in die Bett-Geh-Zeit zu bringen, habe ich nun ein paar Strategien bzw. Überlegungen für Dich:

Strategie 29: Wähle eine passende Schlafumgebung
Überlege Dir, was Dein Kind braucht, um gut schlafen zu können und mache Dir Notizen zu folgenden Fragen (bzw. versuche es und beobachte Dein Kind):

- Schläft Dein Kind schneller ein, wenn es ruhig ist oder Geräusche im Hintergrund zu hören sind?
- Schläft Dein Kind besser ein, wenn es im eigenen Bett liegt oder wenn es an Dich gekuschelt ist?
- Braucht Dein Kind eine vertraute Person beim Einschlafen oder braucht es seine Ruhe?
- Wenn Dein Kind eine vertraute Person im Zimmer braucht, um Einschlafen zu können – reicht es ihm, wenn das Geschwisterkind im gleichen Zimmer schläft?
- Schläft Dein Kind besser, wenn es bei Dir im Bett liegt, in seinem Bettchen im gleichen Zimmer oder im eigenen ruhigen Zimmer?
- Schläft Dein Kind länger am Stück, wenn es im eigenen Bett, eigenem Zimmer oder in Deinem Bett schläft?
- Wo schläft es am schnellsten ein?

Überlege Dir nun, unter welchen Bedingungen Du, Dein Partner und die Geschwisterkinder am besten schlafen

- Was braucht Ihr, um gut einschlafen zu können?
- Habt Ihr einen guten oder sehr leichten Schlaf?
- Fühlst Du Dich eingeengt mit Kindern, die sich nachts an Dich kuscheln könnten?
- Brauchst Du absolute Ruhe oder stört Dich ein Seufzen oder lautes Atmen Deiner Kinder nicht beim Einschlafen?
- Machst Du Dir nachts Sorgen um Dein Kleinkind, wenn es im eigenen Zimmer liegen würde?
- Schläfst Du besser mit Kindern im Zimmer oder ohne?

Mit diesen Fragen näherst Du Dich einer Antwort, welcher Schlafraum und welches Bett für euch am besten geeignet wären. Versuche eine Lösung zu finden, die für alle Beteiligten passt.

Strategie 30: Finde eine Bett-geh-Routine, die zu euch passt

Wie Du eure Abendroutine gestaltest, ist eine persönliche, aber auch eine praktische Entscheidung, was gut bzw. schneller funktioniert und sich angenehm anfühlt.

Ich teile die Abendroutine so auf, dass zuerst die Dinge gemacht werden, die mein Kind nicht so gerne macht (Wie: Aufräumen, Waschen, Windeln wechseln, Schlafanzug anziehen, Zähne putzen). Dann folgen die Dinge, auf die sich mein Kind freut (Wie: Geschichte vorlesen, Rücken streicheln, Lied singen).

Probiere aus, welche Abfolgen der „ungeliebten Tätigkeiten" für Euch am besten passen und welche „geliebten Tätigkeiten" Deinem Kind am allerbesten gefallen und es zur Ruhe bringen. Diese Erkenntnisse verbindest Du dann in einem „Bett-geh-Ritual", das jeden Abend mehr oder weniger gleich abläuft. Dadurch kann sich Dein Kind darauf einstellen und diese Zeit wird vorhersehbar für Dein Kind. Der immer gleichbleibende Ablauf hilft Deinem Kind zur Ruhe zu kommen, bzw. sich auf das Schlafen einzulassen.

Aber bitte verfalle nicht in Panik, wenn unvorhergesehene Dinge Euren Ablauf durcheinanderwirbeln. Kinder sind flexibel und stecken Abweichungen gut weg, solange diese eine Ausnahme sind.

Strategie 31: Male einen Bett-geh-Plan mit Deinem Kind

Nimm die Erkenntnisse aus der vorherigen Strategie (Nr. 30) und überlege mit Deinem Kind (je nach Alter!), ob diese Abfolge für euch stimmig ist. Gehe mit Deinem Kind die Abfolge des Ins-Bett-gehens durch und frage Dein Kind, ob es sich noch etwas wünscht, was ihr anders machen oder hinzufügen solltet (zum Beispiel vom Tag erzählen – was schön war oder Rücken streicheln, Gute-Nacht Lied singen).

Steht der Ablauf der Bett-Geh-Routine fest, könnt Ihr gemeinsam einen Plan malen. Am besten ein Bild unter das andere. Um diesen Plan noch attraktiver zu machen, kannst Du ihn - wie in Strategie 12 erwähnt - zum Zuklappen oder Abhaken gestalten.

Strategie 32: Zähne putzen ohne Kampf

Das Thema Zähneputzen ist eine immer wiederkehrende Frage an mich und stellt so manche Eltern vor eine Herausforderung. Ich ließ meine Kinder (und die, die ich als Nanny betreute) zuerst alleine ihre Zähne putzen bzw. mit der Zahnbürste spielen und dann putzte ich nach. Das Nachputzen hat je nach Laune und Müdigkeit der Kinder einmal mehr oder weniger gut geklappt. Bis zu dem Tag, an dem ich angefangen habe, Lieder zum Zähneputzen für sie umzudichten. Wenn Deine Kinder Lieder lieben, dann probiere es gleich einmal aus!

Beispiele: „Wer will fleißige Zahnputzer sehn, der muss zu dem/der (Name Deines Kindes) gehn. /:Putz, putz, putz, putz, putz, putz, die Zahnbürste macht weg den Schmutz:/“

„Es tanzt ein Bibabutzemann in (Name Deines Kindes) Mund herum, fidebum, es tanzt ein Bibabutzemann in (Name Deines Kindes) Mund herum. Er rüttelt sich und schüttelt sich und wirft die Bürste hinter sich. Es tanzt ein Bibabutzemann in (Name Deines Kindes) Mund herum, fidebum.“

Weitere Zahnputzideen, um das Zähneputzen spielerisch und somit interessanter für Dein Kind zu gestalten:

- Die Zahnbürste sprechen lassen, was sie denn alles so vom Essen des Tages findet
- Die Sanduhr aufstellen und das Kind das Durchrieseln betrachten lassen, während Du putzt

- Die Zahnbürste hat heute Schluckauf und immer nach ein bisschen Putzen, hüpft sie im Mund (vorsichtig!) hoch und Du machst laut „hicks"
- Mit imaginären Farben putzen: Jetzt putze ich Deine Zähne mit der Farbe Grün. Welche Farbe soll ich als nächstes für Deine Zähne verwenden?

Strategie 33: Im Zimmer bleiben oder gehen?

Die Frage, ob Du bei Deinem Kind im Zimmer bzw. am Bett sitzen bleibst, bis es einschläft, oder ob Du aus dem Zimmer gehst, darfst Du für Dich selbständig entscheiden. Beides hat seine Vorteile. Beim Kind bleiben, gibt ihm Sicherheit und Geborgenheit und evtl. schläft es deshalb schneller ein. Aus dem Zimmer gehen, gibt Dir die Möglichkeit, etwas für Dich zu machen (solange Dein Kind nicht weint).

Mit dieser Strategie möchte ich Dich ermuntern, dass es auch eine Kombination von beidem sein kann. Du könntest zuerst im Zimmer bleiben, bis Dein Kind richtig schläfrig ist und dann hinausgehen. Ihr könntet es aber auch tagesabhängig machen, zum Beispiel unter der Woche hinausgehen und am Wochenende im Zimmer bleiben. Dein Partner könnte dann im Zimmer des Geschwisterkindes bleiben.

Es kann - wie bei uns - auch situationsabhängig gemacht werden: Ich habe es abends immer so gemacht, dass ich nach dem Buch vorlesen, Lied singen und Gute-Nacht sagen hinausgegangen bin. Fing mein Kind an zu weinen, bin ich zurück ins Zimmer gegangen und habe es zuerst im Bett liegend beruhigt (über den Rücken streicheln, leise mit ihm sprechen) und wenn das nicht klappte, habe ich es auf den Arm genommen. Ich bin so lange bei meinem Kind geblieben, bis es ganz zur Ruhe gekommen ist. Danach bin ich wieder aus dem Zimmer hinausgegangen. Wiederholte sich dieses Muster mehr als zwei Mal, dann bin ich im Zimmer geblieben, weil es offensichtlich für mich war, dass mein Kind mich heute zum Einschlafen brauchte.

Es gab und gibt bei uns auch Phasen, da bleibe ich durchgängig im Zimmer bis mein Kind eingeschlafen ist. Mein Kleiner hatte eine Zeit lang große Angst vor Geräuschen (Regenprasseln auf dem Dachfenster) oder dem Blinken des Feuermelders. Jedes Mal, wenn ich das Zimmer verlassen wollte, fing er an zu weinen. Deshalb bin ich in dieser Angstphase im Zimmer meines Kindes geblieben, bis es fest eingeschlafen war. War mein Kind unruhig, streichelte ich ihm über den Rücken, ansonsten lag ich auf dem Teppich und wartete, bis er einschlief. Wenn ich selbst unruhig wurde, weil es mir zu lange dauerte, dann holte ich ein E-Buch hervor und las, bis mein Kind eingeschlafen war. Lieber lese ich und strahle Ruhe aus, als dass ich im Zimmer anwesend bin und Groll aussende, weil es mir zu lange dauert. Kinder haben sehr feine Antennen, was die Gefühlslage der Eltern angeht.

Strategie 34: Was Du vor dem Bettgehen vermeiden solltest

Das Zu-Bett-Gehen wird beeinflusst vom Charakter und dem Schlafbedürfnis des Kindes, aber auch vom Verhalten der Eltern. Zusätzlich gibt es dann noch unterschiedliche Phasen in der Entwicklung des Kindes, die das Zu-Bett-Gehen noch weiter erschweren können. Dies könnte zum Beispiel das Zahnen, die Entwicklungssprünge, eine Angst-vor-Monster-Phase oder eine Krankheit sein.

Vieles können Eltern nicht beeinflussen und sie müssen einfach das Beste daraus machen. Jedoch kannst Du sicherstellen, dass Du Deinem Kind das Zu-Bett-Gehen nicht noch schwerer machst, indem Du Dinge tust, die für das Einschlafen hinderlich sein könnten. (Hinweis: Jedes Kind ist einzigartig, manches Kind wird von etwas beeinflusst, das ein anderes Kind überhaupt nicht stört!) Hier kommt eine Auflistung von sechs Dingen, die sich meiner Erfahrung nach negativ auf die Bett-Geh-Routine auswirken können und die Du deshalb nach Möglichkeit vermeiden solltest:

- Wenn Du selbst hektisch, gestresst oder schlecht gelaunt bist, machst Du es Deinem Kind schwerer, zur Ruhe zu kommen und sich auf die Bett-geh-Routine und das Einschlafen einzulassen.
- Wenn Du Deinem Kind Süßigkeiten vor der Schlafenszeit erlaubst: Ich habe bemerkt, dass es Kinder gibt, die daraufhin einen Zuckerschub bekommen und somit einen großen Bewegungsdrang entwickeln, was für das Bett-Geh-Ritual kontraproduktiv ist.
- Wenn Du die Bett-Geh-Routine jeden Tag anders machst, dann fehlt Deinem Kind die Routine, die ihm hilft sich auf das Kommende vorzubereiten.
- Wenn Du wilde Spiele vor der Bettgehzeit spielst (Fangen, Monster

spielen, erschrecken): Manche Kinder sind davon so aufgedreht, dass sie sehr lange brauchen, um danach wieder zur Ruhe zu kommen und einzuschlafen.

- Wenn Du Dich auf lange Gespräche mit Deinem Kind einlässt: Wenn die Bett-Geh-Routine vorbei ist, versuche ich es zu vermeiden, mich noch in ein längeres Gesprächsthema verwickeln zu lassen. (Selbstverständlich gibt es Ausnahmen, wenn das Kind etwas sehr beschäftigt!) Anstatt ein Gespräch zu führen, versuche ich darauf hinzuweisen, dass es jetzt Schlafenszeit ist und wir morgen beim Frühstücken wieder Zeit zum Sprechen haben. Dann lege ich vielleicht meine Hand sanft auf den Rücken meines Kindes, sodass es trotzdem in Kontakt mit mir ist und dabei zur Ruhe kommen kann. Manchmal gibst Du vielleicht doch dem Wunsch Deines Kindes nach, ein Gespräch mit Dir zu führen. Das ist auch völlig in Ordnung. Falls es Dir jedoch wichtig ist, auch noch Zeit für Dich zu haben, empfehle ich Dir, mit Deinem Kind einen Endzeitpunkt des Gesprächs auszumachen und ggf. einen Wecker zu stellen. So kannst Du Dich auf das Gespräch einlassen und Dein Kind weiß auch, dass es einen definierten Endzeitpunkt gibt.
- Wenn Dein Kind Wünsche hat, die die Bett-geh-Routine verlängern sollen: Es gibt Bitten des Kindes, denen Du gerne nachkommst, wie zum Beispiel Rücken streicheln oder das Bett aufschütteln. Du solltest Dir bewusst sein, dass dies plötzlich vom Kind als Teil der Bett-Geh-Routine eingefordert werden kann. So ging es mir mit Rücken streicheln. Nach einmaligem Nachkommen des Wunsches wurde es täglich eingefordert. Deshalb überlege Dir bei neuen Forderungen oder Wünschen Deines Kindes zuerst, ob Du dieser Bitte jeden Abend nachkommen möchtest. Wenn nicht, kannst Du den Wunsch entweder ablehnen oder als einmalige Ausnahme deklarieren, sodass es für Dein Kind klar ist, dass das nicht zur normalen Bett-Geh-Routine dazugehört.

Strategie 35: Wenn Dein Kind nachts keine Windeln mehr tragen möchte

Wenn Kinder trocken werden, wollen sie irgendwann auch nachts keine Windeln mehr tragen. Da kann es am Anfang des Öfteren passieren, dass das Kind nicht rechtzeitig aufwacht, um auf die Toilette zu gehen. Dann ist das Spannbetttuch nass, evtl. auch die Bettdecke. Damit das Kind und die Eltern schnellstmöglich weiterschlafen können, habe ich hier einen Tipp, wie das nächtliche Bett-neu-beziehen schneller vonstattengeht. Vorbereitung: Die Matratze des Kindes zwei Mal beziehen und dazwischen eine wasserdichte Matratzenauflage legen. Das heißt: Matratze, wasserdichte Matratzenauflage, Spannbetttuch und nun die zweite wasserdichte Matratzenauflage und das zweite Spannbetttuch aufziehen. Ein zweites Set Kleidung (Unterwäsche und Schlafanzug) neben das Bett legen sowie eine weitere Zudecke oder Wolldecke bereitlegen. Wenn Dein Kind nachts einnässen sollte, kannst Du in der Nacht einfach das oberste Spannbetttuch und die oberste Matratzenauflage entfernen und Dein Kind zügig mit der bereitsgelegten Kleidung umziehen, sodass es schnell aud dem unteren trockenen Spannbetttuch weiterschlafen kann. Ist die Bettdecke auch nass geworden, deckst Du es mit der zuvor zurechtgelegten Zweitdecke zu.

Eine Strategie die den Alltag erleichtert

Der Alltag in einer Familie bringt oft viel Chaos mit sich: Spielende Kinder machen Unordnung. Essende Kinder hinterlassen nicht nur Essensreste auf ihren Tellern. Und der Alltag mit Kindern verläuft auch nicht immer nach Plan.
Deshalb erlebe ich es als Erleichterung, wenn ich das Gefühl habe, noch eine gewisse Ordnung im Alltag mit Kind zu haben. Auch wenn es eine Ordnung vom Tagesablauf ist und nicht die in der Wohnung!
Wie Du diese Ordnung einführst, erfährst Du in dieser Strategie:

Strategie 36: Wie Du eine neue Routine einführst, sodass sie zur Gewohnheit wird

Routine bringt Ruhe ins Familienleben. Routine sind Abläufe, die täglich gleich ablaufen, oder zumindest von Montag bis Freitag gleich sind und oft auch zu einer bestimmten Tageszeit durchgeführt werden. Beispiele wären die Bett-geh-Routine und die Nach-Hause-kommen-Routine.
Routine macht die Welt für Kinder verständlich. Jeden Tag strömen so viele neue Informationen auf das Kind ein, dass es ihm manchmal schwer fällt, das Wichtige vom Unwichtigen (zumindest aus der Sicht des Erwachsenen) zu unterscheiden. Routine hilft den Kindern, eine Phase des Tages zu verstehen und sich darauf einzulassen. Sie gibt ihnen Ruhe und Sicherheit, da sie wissen, was kommt und auch, was von ihnen erwartet wird.

Für die Eltern bedeutet es: Wenn aus Routine Gewohnheiten geworden sind, dann wird seltener darüber diskutiert. Somit kommt in diese Phase des Familienalltags mehr Ruhe hinein. Zusätzlich fällt es Deinem Kind durch eine Routine leichter, ein Gefühl für Zeit zu entwickeln, weil es selbst noch kein (großes) Konzept von Minuten und Stunden hat.

Einführung:

1. Werde Dir klar, was Du verändern willst und mache Dir bewusst, dass Du für die Einführung dieser Veränderung Zeit investieren musst
2. Nimm Dir eine Veränderung vor, bzw. verändere einen Ablauf (zum Beispiel die Bettgehroutine)

3. Spreche mit Deinen Kindern über diese Situation und erkläre ihnen kurz, warum Du es verändern willst (dies kann auch mit kleinen Kindern in einfacher Sprache gemacht werden)
4. Kreiere ein Hilfsmittel mit Deinem Kind, welches als Erinnerungsstütze für den Beginn der Routine dienen soll (zum Beispiel einen Plan malen, ein Glöckchen klingeln oder ein bestimmtes Lied singen, das von nun an die neue Gewohnheit repräsentieren soll)

Erste Phase: Mit dem erstellten Hilfsmittel zusammen den neuen Ablauf/die Veränderung durchführen. In der ersten Phase kündigst Du an, was Du von Deinem Kind erwartest (das habt ihr in der Einführung bereits gemeinsam besprochen) und Du benutzt die gewählte Erinnerungsstütze.
Beispiel: Aufräumen mit der Erinnerungsstütze „Aufräumlied." Sage zu Deinem Kind: „Gleich ist es Zeit zum Aufräumen, komm zum Ende. Wenn ich das Aufräumlied singe beginnt die Aufräumzeit." Dann wartest Du ein paar Minuten, damit Dein Kind zum Ende kommen kann und singst danach das Aufräumlied. Dabei fängst Du mit dem Aufräumen an und gibst Deinem Kind - falls es nicht mit dem Aufräumen beginnt - Gegenstände in die Hand und sagst, wohin es diese bringen soll. Wenn das Kind die Erinnerungsstütze kennt und darauf reagiert, beginnt die zweite Phase.

Zweite Phase: Jetzt ist es an der Zeit, Dich zurückzuziehen. Du hilfst nach dem Aufräumlied beim anfänglichen Aufräumen mit und lässt Dein Kind danach eine Sache fertig aufräumen - wie zum Beispiel Bauklötze in eine Kiste legen.
Beim gemalten Plan kannst Du Dein Kind eine Weile alleine weitermachen lassen und dann wieder dazu kommen, wenn Du siehst, dass Dein Kind abgelenkt wurde. Dann schaust Du wieder mit Deinem Kind auf den Plan und bleibst bei ihm, bis Dein Kind wieder bei der „Sache" ist. Danach kannst Du Dich erneut zurückziehen.

Dritte Phase: Die Veränderung wird akzeptiert und öfter umgesetzt – abhängig von der Laune Deines Kindes. Bei guter Laune wird sie selbstständig durchgeführt – bei schlechter Laune kann es Dir passieren, dass Du wieder zur Phase Zwei oder gar Eins zurückgehen musst. Auch in der dritten Phase sind Rückschläge ganz normal! Weder Du noch Dein Kind „tragen die Schuld!" Es gehört einfach dazu.

Wenn die Gewohnheit eingeführt ist und Dein Kind gut mitmacht, dann drücke Deine Wertschätzung aus: Zum Beispiel „Danke, dass Du Dich heute so schnell angezogen hast und mir damit hilfst, rechtzeitig aus dem Haus und auf die Arbeit zu kommen."

Die 21-Tage-Regel

Diese Regel besagt, dass wenn Du 21 Tage hintereinander an einer neuen Gewohnheit festhältst, es danach leichter ist, diese anzunehmen und durchzuführen. Laut dieser Regel sinkt der Widerstand gegen die neue Gewohnheit nach 21 Tagen. Die Regel besagt jedoch auch, dass es mindestens 21 Tage dauert. Je nach Art der Verhaltensänderung kann es mehr Zeit in Anspruch nehmen. [1]

Es ist wichtig, den Kindern diesen Zeitraum zuzugestehen, um sich an eine Veränderung zu gewöhnen. Denke an Dich selbst, wenn Du plötzlich anfangen willst, jeden Tag zum Joggen zu gehen. Das braucht Durchhaltevermögen, bis es zur Gewohnheit geworden ist. Wenn jemand Dich in dieser Zeit motiviert, bzw. mit Dir zum Joggen gehen würde, ginge es viel einfacher, stimmt´s?

Achtung: Eine gut eingeführte Gewohnheit wird trotzdem nie ein Selbstläufer bei Kindern werden, denn Kinder sind immer für kleine und große Überraschungen gut. Es geht zwei Wochen super und plötzlich funktioniert es gar nicht mehr. Das kann einem mit Kindern sehr schnell passieren. Sie machen einen Entwicklungssprung oder treten in eine neue Phase ein und „Schwups" sind die Gewohnheiten, die zuvor funktioniert haben, wieder vergessen oder „abgelegt."

[1]https://www.goodme.de/magazin/das-21-tage-prinzip/
(abgerufen am 24.06.2017)

Teil 2: Entspannte Eltern

Strategien für mehr Gelassenheit

Im Alltag mit kleinen Kindern gibt es wenig bis gar keine Pausen. Damit Du trotzdem zum Durchatmen kommst, kannst Du Mini-Auszeiten anwenden. Das sind Strategien, die Dir im Alltag mit (Klein-)Kindern ein paar Pausen zum Energie auftanken schenken und dadurch Deine innere Anspannung abbauen.
Es ist nicht ausschließlich Deine Aufgabe, auf Dein Kind zu achten, sondern auch auf Dich selbst. Du brauchst unbedingt Pausen und Zeit für Dich. Je jünger die Kinder sind, desto schwieriger ist es manchmal zu Pausen zu kommen und desto kürzer werden sie sein. Trotz alledem - auch eine 8-minütige Duschzeit alleine im Bad, während Dein Partner das Baby hat, kann Wunder wirken.
Mit den nun folgenden Strategien möchte ich jedoch nicht auf die Auszeiten eingehen, die Du nehmen kannst, wenn Dein Partner/Oma/Opa zu Hause sind, sondern, was Du tun kannst, wenn Du alleine mit Deinen Kindern bist und kurz einmal Zeit zum Durchatmen brauchst.

Strategie 37: Auszeit nehmen bei Streitigkeiten mit Kindern
Wenn Du alleine mit Deinem Kind bist, ist eine Auszeit nehmen gar nicht so einfach. Du kannst versuchen, Deinem Kind mitzuteilen, dass Du Dich jetzt kurz alleine beruhigen willst, weil Du wütend bist und dann in ein anderes Zimmer gehen. Je nach Charakter des Kindes wird das akzeptiert oder — wie im Falle meiner Kinder – leider nicht. Anstatt dessen bin ich dazu übergegangen, eine gemeinsame Ruhezeit zu machen, wenn die Stimmung stürmisch wird. Ich teile meinen Kindern mit, dass ich wütend bin und mich beruhigen will. Ich setze mich auf das Sofa, nehme mir eine Zeitschrift oder ein Buch zur Hand und sage: „Holt euch auch ein Buch und setzt euch zu mir aufs Sofa. Wir machen jetzt eine kurze Ruhezeit, damit ich mich beruhigen kann."
Der Fokus liegt auf „ich, bzw. mich" und dass ich es selbst schaffen muss, meinen Ärger loszulassen. Ich zeige meinem Kind damit, dass ich dazu einen ruhigen Moment brauche. Zugleich bin ich ein Vorbild für mein Kind, wie Ärger bewältigt werden kann.

Strategie 38: Gemeinsames Malen zur Entspannung

Vor Kurzem bin ich über Malbücher für Erwachsene gestolpert. (Das sind Mandalas und andere Vorlagen zum Ausmalen). Meine Kinder nahmen meinen Vorschlag begeistert an, dass wir alle um einen Tisch sitzen und jeder etwas für sich malt. Beim Malen der Mandalas werde ich ruhiger und komme im Moment an. Ich genieße es, zusammen mit meinen Kindern konzentriert und ruhig an etwas zu arbeiten. In dieser Zeit dürfen meine Kinder auch mit meinen besonderen Stiften malen, was dem Ganzen noch mehr Begeisterung hinzufügt.

Strategie 39: Führe eine Auszeit-Routine ein

Wie wäre es, wenn Du jeden Tag eine Handlung durchführst, welche Deinem Kind zeigt, dass Du jetzt eine kurze Pause machst? Solch eine Handlung könnte sein: Eine Tasse Tee zubereiten, die Tageszeitung holen oder Musik anmachen.

Während der Einführung dieser Routine erklärst Du Deinem Kind, dass Du jetzt eine kurze Pause für Dich alleine machst und fragst Dein Kind, was es in dieser Zeit alleine spielen möchte. Dann richtet ihr die Dinge gemeinsam her, die es dafür braucht. Danach führst Du die Handlung durch (zum Beispiel Tee kochen) und sagst Deinem Kind, dass Deine Pause beginnt, sobald Du den Tee auf den Tisch gestellt hast und solange dauert, bis Du die Tasse wieder zur Spülmaschine trägst. Bei den anderen Beispielen (Tageszeitung, Musik) kannst Du genauso einen Beginn und ein Ende festlegen.

In der ersten Zeit wird Dein Kind sehr wahrscheinlich Deine Pause unterbrechen, weil es mit Dir spielen oder sprechen will. Du sagst ihm in ruhigem Ton, dass Du jetzt eine Pause machst und wieder für es da bist, sobald die Tasse weggetragen wird. Dann wendest Du Dich gleich wieder Deinem Tee zu und schaust aus dem Fenster oder liest etwas.

Wenn diese Routine ein fester Bestandteil Deines Tagesablaufs mit Kind geworden ist (täglich einmal), dann wird Dein Kind es je nach Temperament schneller oder langsamer akzeptieren, dass es Dich mit einer Tasse Tee (oder der Tageszeitung oder solange die Musik an ist) nicht stören braucht, weil Du eh nicht mit ihm spielst, solange die Tasse auf dem Tisch steht (die Tageszeitung noch aufgeschlagen ist / die Musik noch an ist).

Bei der Einführung dieser Routine solltest Du darauf achten, dass die Pause kurz ist: Ungefähr fünf Minuten. Wenn diese fünf Minuten gut klappen, können diese langsam über einen Zeitraum von ein bis zwei Wochen auf zehn Minuten ausgedehnt werden – wenn Dein Kind das mitmacht.
Bei jüngeren Kindern kann es Dir passieren, dass fünf Minuten bereits über ihre Grenze des Wartens auf Dich hinausgehen. Dann machst Du Deine Mini-Auszeit für drei bis vier Minuten und versuchst, ob Du sie nach ein paar Wochen auf fünf bis sechs Minuten ausdehnen kannst.

Strategien, um auf sich selbst zu achten

Für ihre Kinder stecken Eltern gerne zurück. Wenn dies jedoch ausschließlich gemacht wird und die eigenen Bedürfnisse jahrelang unter den Tisch gekehrt werden, dann schleicht sich eine immer lauter werdende Unzufriedenheit ein.
Deshalb ist es wichtig für Dich, Deine Bedürfnisse wieder zu entdecken und dafür einzustehen! Unzufriedenheit führt zu schlechter Laune und Ungeduld mit den Menschen, die Dir am nächsten stehen. Wenn Du auch Deine Bedürfnisse im Blick hast, dann wirst Du ruhiger und gelassener - auch in herausfordernden Alltagssituationen mit kleinen Kindern.

Strategie 40: Weg vom Perfektionismus - hin zu mehr Zeit für Dich
Wenn Du Dir mehr Auszeiten in Deinem Alltag mit Kind wünschst, dann kann es äußerst hilfreich sein, den eigenen Perfektionismus bzgl. Ordnung und Sauberkeit im Haushalt abzulegen.
Anstatt jeden Mittagsschlaf Deines Kindes dafür zu nutzen, alles sauber zu machen, könntest Du einen Teil der Zeit für Dich festlegen. Eine Zeit, in der Du etwas tust, das Deine Batterien wieder auflädt. Eine Zeit, in der Du Du selbst bist und nicht Mama oder Papa! Mache etwas, das Dir Freude macht und Dich positiv stimmt.

Strategie 41: Was brauchst Du?
Frage Dich im Alltag mit Kind öfter: Was will ich jetzt machen? Was ist mir wichtig? Was brauche ich, um im Alltag glücklich und zufrieden zu sein?
Suche und finde Deine Antworten dazu und versuche Deine Bedürfnisse vermehrt in den Alltag mit Kind einzubauen. Erkläre Deinem Kind, dass dies wichtig für Dich ist, um wieder Geduld und Ruhe für es zu haben.
Das können Kleinigkeiten sein, wie: „Ich möchte heute meine Musik im Auto hören und nicht wieder Kinderlieder." Oder: „Ich habe keine Lust, mich mit dir zu verkleiden. Wenn du fertig Verkleiden gespielt hast, lese ich dir jedoch sehr gerne ein Buch vor."
Deine Bedürfnisse zu beachten, kann aber auch im größeren Stil bedeu-

ten, dass Du einmal mit Freunden/Freundinnen für ein Wochenende wegfahren möchtest. So kannst du wieder einmal Du selbst sein - nicht Mutter oder Vater, Ehefrau oder Ehemann.

Strategie 42: Einem Herzensprojekt nachgehen
Ein neues Projekt kann Dir dabei helfen, gelassener und zufriedener zu werden. Das kann ich Dir am besten an meinem eigenen Beispiel erklären. Bis zu dem Zeitpunkt, an dem mein zweites Kind eineinhalb Jahre alt war, habe ich meine Projekte und Ideen hinten angestellt und war für meine Kinder und den Haushalt da. Der Fokus lag auf den Kindern. Bereits länger hatte ich den Wunsch, Eltern noch besser zu unterstützen, als das mit meinem Blog „Klein wird GROSS" geht. Deshalb fasste ich den Entschluss, ein Buch über die Trotzphase zu schreiben. Neben meinen zwei Kindern, die Zeit mit mir verbringen wollten und dem alltäglichen Chaos, das durch spielende Kinder entsteht und beseitigt werden muss, habe ich den Haushalt gemacht und weitere Themen für Elternkurse vorbereitet, die ich damals monatlich gab. Danach habe ich jegliche freie Zeit in das Recherchieren und Schreiben meines Buches gesteckt.
Obwohl ich keine Zeit mehr für mich hatte, manchmal nicht mehr wusste „wo mir der Kopf steht" und ich mich fragte, wie ich all meine Tätigkeiten in die wenigen Stunden eines Tages pressen sollte, fühlte ich mich gelassener und zufriedener als zuvor.

Daraus schließe ich, dass obwohl ein Projekt jede Menge Arbeit mit sich bringt, es einen auch erfüllt und somit gelassener und zufriedener werden lässt. Mein Buchprojekt hinderte mich daran, meinen Fokus ausschließlich auf den Alltag mit Kind zu richten. Das ließ mich auch im Alltag mit Kind entspannter werden - weg von meinem perfektionistischen Idealbild des Familienlebens. Zum Beispiel ließ ich die Kinder manchmal ein richtiges Chaos machen, ohne zu sagen, dass wir jetzt aufräumen müssten, während ich mir ein paar Notizen für mein Buch machte. Ich habe es öfter nicht geschafft, ein Mittagessen zu kochen, weil ich während des Vormittagsschlafs meines Sohnes am Buch geschrieben habe. Direkt danach holten wir die Große vom Kindergarten ab. Dann gab es eine schnelle Suppe oder Brotzeit und wir kochten gemeinsam für das Abendessen.

Da ich etwas hatte, das mich faszinierte und meine grauen Zellen beanspruchte, konnte ich mich wieder viel besser auf meine Kinder einlassen und mit ihnen zufrieden spielen. Zwar nicht so viel wie vorher, dafür war ich jetzt „mehr bei der Sache.“
Vielleicht hast Du ein Projekt im Blick, das Du bereits in Angriff nehmen wolltest, es jedoch immer wieder verschoben hast? Du meinst, dafür keine Zeit zu haben wegen Deiner Kinder? Oder vielleicht denkst Du, dass Du Deinem Kind das nicht antun kannst. Ich habe erfahren, dass „manchmal weniger mehr“ ist. Weniger Fokus auf die Kinder bedeutet mehr Gelassenheit für Dich und mehr Freiheit für Deine Kinder. Und wenn Du Dich dann Deinem Kind zuwendest, dann bist Du mit vollem Herzen anwesend - im Gegensatz zu evtl. gelangweiltem und pflichtbewusstem Spiel mit Deinem Kind. Nimm Dein Projekt in Angriff und schaue was geschieht!

Strategien für Stresssituationen

Es gibt bei Dir bestimmt auch diese Tage, an denen Dir alles über den Kopf wächst. Vielleicht bist Du genervt darüber, dass, heute wieder alles unordentlich aussieht, obwohl Du gestern sauber gemacht hast. Oder Du ärgerst Dich, dass Deine Kinder heute ständig miteinander streiten. Vielleicht hast Du aber auch Stress auf der Arbeit oder mit Deinem Partner.
An solchen Tagen führen genervte Gefühle und Gedanken ganz schnell zu Ärger oder gar Wut. Am besten klappt es, aus dieser Schleife auszusteigen und wieder glücklicher zu werden, bzw. zumindest mehr in Deine Mitte zurück zu finden, wenn Du bereits beim ersten Anflug von Ärger oder schlechter Laune mit diesen Strategien beginnst. Je früher Du Deiner schlechten Laune entgegen steuerst desto einfacher sind diese Vorgehensweisen für Dich.

Strategie 43: Konzentration auf das Gute
Beginne, bei aufsteigendem Ärger, Dich auf folgende Fragen zu konzentrieren:
- Was ist heute gut gelaufen?
- Was ist heute Schönes passiert?
- Wobei haben Deine Kinder heute mit Dir kooperiert?
- Welche schönen Momente hattest Du heute?
- Worüber konntest Du Dich heute freuen?

Wenn das schwierig ist, weil Du bereits zu weit in Deinem Ärger drinsteckst, oder weil Du Dich heute öfter geärgert hast, dann konzentriere Dich auf Dein Leben im Allgemeinen:
- Was läuft in Deinem Leben gut?
- Was bereitet Dir Freude in Deinem Leben?
- Womit begeistert Dich Dein Kind?

Wenn Du es schaffst, Dich auf diese Fragen zu konzentrieren und für mehrere Minuten Antworten zu finden, dann wirst Du Dich plötzlich wieder besser fühlen. Deine Perspektive hat sich verändert. Danach kannst Du viel gelöster, lockerer, ausgeglichener und geduldiger im Alltag interagieren - zumindest bis die nächste Herausforderung kommt.

Strategie 44: Schöne Erinnerungen gegen Ärger

Starte eine Liste mit den schönsten Erinnerungen von Eurem Familienleben und Erinnerungen mit jedem einzelnen Familienmitglied. Nimm Dir heute Zeit, diese Liste zu beginnen - beim ersten Mal dauert es am Längsten, da Du wahrscheinlich in Gedanken ein paar Jahre zurückgehen wirst, um alle wichtigen Erinnerungen zu finden und aufzuschreiben. Danach kannst Du diese Liste monatlich ergänzen.

Wenn Du genervt oder verärgert bist, dann kannst Du Dir ein paar ruhige Minuten schenken, Dich - wenn möglich - zurückziehen und diese Liste hervorholen und in positiven Erinnerungen schwelgen. Versuche, Dich darauf einzulassen und nicht oberflächlich das Geschriebene zu überfliegen. Lass die Erinnerungen lebendig werden und fühle die positiven Gefühle von damals nach. Mit diesem Einlassen, der Konzentration auf diese wunderbaren Erinnerungen und dem Fühlen der guten Gefühle, entziehst Du Deinem Ärger den Nährboden.
Zusätzlich hast Du mit dieser Liste, die Du gerne auch in einem schönen Buch führen kannst, ein wertvolles Erinnerungsstück für Deine Kinder geschaffen. Ich bin mir sicher, dass sie die Zeit, die Du dafür investiert hast, als Erwachsene sehr zu schätzen wissen und die niedergeschriebenen Erinnerungen ihrer Kindheit lieben werden.

Strategie 45: Raus aus der Wut

Was Menschen in ihrer Wut gefangen hält, ist das Gefühl, im Recht zu sein und Anspruch darauf zu haben, wütend zu sein und zu bleiben. Ein Gedanke, dass Du gute Gründe dafür hast, sauer zu sein, führt zum nächsten negativen Gedanken und die Abwärtsspirale beginnt. Immer mehr negative Erinnerungen kommen hoch und Sätze mit „immer bist du..." oder „ständig machst du" schwirren in Deinem Kopf herum.
Du kannst Deine Wut mit einer Übung der Dankbarkeit kontrollieren. Hole Dir einen Zettel und Stift und stelle Dir die Aufgabe, 20 Dinge, Menschen oder Situationen zu finden, für die Du dankbar bist.

Beginne Deine Sätze wie folgt:

- Ich bin dankbar für...
- Danke für...
- Danke, dass...

Hast Du das geschafft, wirst Du Dich leichter fühlen und Dein Atem wird sich beruhigt haben. Vielleicht hast Du es sogar geschafft, Deinen Ärger völlig loszulassen.
Wenn Du gerade keinen Stift und Zettel zur Hand hast, kannst Du diese Übung auch in Gedanken machen. Jedoch ist sie effektiver - finde ich zumindest - wenn es schriftlich gemacht wird.

Strategie 46: Umschalten auf das, was ich will

Kennst Du das, wenn Du genervt bist, dass Du dann immer mehr Dinge oder Verhaltensweisen an Deinen Kindern oder Deinem Partner siehst, die Dir nicht gefallen?
Wenn Du Dich das nächste Mal dabei ertappst, dass Du Deine schlechte Laune an Deiner Familie auslässt, dann schalte um mit der Frage: Was will ich anstatt dessen und warum? So kannst Du Deinen Kindern/Partner mitteilen, was Du von ihnen möchtest und welches Bedürfnis dahintersteckt. Das wird sie viel eher dazu animieren, etwas für Dich und Dein Wohlbefinden zu tun, als Sätze wie „Hör endlich auf mit...“, oder „Ich habe dir schon hundert Mal gesagt, dass du nicht...“
Beispiel: Marie ist genervt über die vielen Spielsachen die überall herumliegen. Sie merkt, wie sie beginnt, mit genervter Stimme zu ihren Kindern zu sprechen: „Müsst ihr immer so viel Spielzeug raus holen - warum könnt ihr nicht einmal zwischendurch aufräumen?“ Sie fragt sich: „Was will ich anstatt dessen und warum will ich es?“ Sie will durch das Wohnzimmer laufen können, ohne dabei über Spielsachen steigen zu müssen, weil sie die Unordnung unruhig macht. Jetzt kann sie zu ihren Kindern gehen und von sich sprechen, was sie will und warum - anstatt ihre Kinder zu beschuldigen.

Strategie 47: Ärger loslassen mit Kindern

Es gibt die Momente, in denen Du Dich über Deine Kinder ärgerst und

Deine Kinder sich über Dich ärgern. Ärger, Wut oder Schimpfen und Schreien auf beiden Seiten sind die Folge. Um aus dieser Akutsituation auszusteigen, hilft meistens eine komplette Veränderung der Situation: Schalte laute Musik an und fange an mit ausgestreckten Armen durchs Zimmer zu tanzen. Versuche zu lächeln (oder ziehe zumindest die Mundwinkel nach oben, das hilft auch, um nicht mehr so wütend zu sein) und fordere Deine Kinder auf, es Dir nachzutun. Erkläre kurz, dass Du mit ihnen gemeinsam aus der Wut herauskommen möchtest und das Tanzen eine wunderbare Methode dafür ist.
Ist gerade keine Musik da, könntest Du eine alberne Melodie oder ein lustiges Lied singen und dazu tanzen. Wie wäre es mit dem Faschingslied und Tanz: Der Ententanz?
Oder ihr holt euch Luftballone und blast die Wut dort hinein. Ihr verknotet sie, damit die Wut dort drinnen bleibt und spielt dann ein Spiel damit.

In diesem Zusammenhang möchte ich nochmals erwähnen, dass es absolut nicht immer machbar ist, aus seiner Wut auszusteigen! Manchmal bist Du einfach zu wütend, hast einen schlechtgelaunten Tag oder Dich bedrücken andere äußere Umstände. Deswegen darfst Du Dich nicht verurteilen. Es ist ganz normal und auch Deine Kinder können mit Deinen Wutausbrüchen umgehen, wenn sie nicht zu laut und lange sind. Manchmal kann ein „Jetzt ist aber Schluss, ich habe genug davon!" einfach befreiend für Dich sein.

Strategien für einen Perspektivenwechsel, der entspannt

Fällt es Dir besonders unter Stress, bzw. bei Erschöpfung schwer, Dich Deinem Kind gegenüber liebevoll und wertschätzend zu verhalten? Es gibt Strategien, die Dir helfen, Dich anders in einer Situation zu verhalten als sonst. Sie sind klasse für stressige Momente, wenn Du in einer sich aufschaukelnden Situation mit Deinem Kind trotzdem liebevoll und geduldig bleiben möchtest. Am besten wirken die Strategien, wenn Du sofort, wenn der Ärger gerade erst in Dir aufsteigt, mit ihnen beginnst. An die Strategien zu denken, wenn Du Dich anfängst zu ärgern, ist das Schwierigste. Sobald Du das geschafft hast, wirst Du es schnell schaffen, ruhiger, bzw. geduldiger zu reagieren.
Vielleicht helfen Dir folgende Erinnerungsstützen: Du könntest ein Armband tragen, das Dich an eine Strategie erinnern soll oder Deine Kinder bitten, Dir zu helfen, wenn Du zum Beispiel zu laut wirst. Dann könnten sie laut „Stopp“ rufen, was Dich daran erinnern soll, dass Du Dich doch anders verhalten wolltest.

Strategie 48: Perspektivenwechsel für mehr Gelassenheit
Wenn Du Ungeduld, aufsteigenden Ärger oder Unmut fühlst, dann schlüpfe schnell innerlich in die Schuhe Deines Kindes. Es gibt da ein indianisches Sprichwort: „Urteile nicht über mich, wenn Du nicht zuvor eine Meile in meinen Schuhen gelaufen bist.“ Deshalb versuche, die Welt aus den Augen Deines Kindes zu betrachten: Was fühlt Dein Kind jetzt gerade? Was möchte es haben oder tun? Was wünscht es sich in diesem Augenblick von Dir? Wie möchte es gerade jetzt behandelt werden? Was braucht Dein Kind jetzt von Dir?
Diese Einsichten lassen Dich bestimmt nicht „kalt.“ Die neue Sichtweise erleichtert es Dir ungemein, Dich ruhiger, wertschätzender und liebevoller Deinem Kind gegenüber zu verhalten.

Strategie 49: Der Beobachter
Wenn Du Dich gerade wieder dabei erwischst zu schimpfen, zu nörgeln oder zu meckern, dann stell Dir vor, Du bist die Nanny und Deine Arbeit-

geberin (die Mutter der Kinder) ist in Hör-, bzw. Sichtweite. Wie würdest Du Dich jetzt den Kindern gegenüber verhalten? Wie würdest Du mit ihnen sprechen? Was würdest Du tun? Wie würdest Du reagieren? Was würdest Du sagen? Wie würdest Du sprechen?
Ich bin mir sicher, dass Du es dann schaffst, wieder ruhiger und wertschätzender mit Deinen Kindern zu sprechen.

Strategie 50: Gehe eine Verpflichtung ein
Gehe eine Verpflichtung mit Dir ein. Welche Deiner Verhaltensweisen möchtest Du auf jeden Fall verändern? Beispiele wären: Nicht mehr laut werden wollen, nicht mehr genervt die Augen vor dem Kind zu verdrehen oder nicht mehr negativ über Dein Kind sprechen, wenn Dein Kind in Hörweite ist.
Überlege Dir eine Sache und erzähle mindestens einem Menschen davon: Deinem Partner oder anderen Müttern, die Dich regelmäßig mit Deinem Kind sehen. Du wirst sehen, Du wirst nun verbindlicher an dieser Verhaltensweise arbeiten. Dich öfter daran erinnern, wie Du sein möchtest, weil Du weißt, dass Du es anderen Menschen mitgeteilt hast und Du nicht mit Deiner „alten" Verhaltensweise erwischt werden möchtest.

Strategie 51: Den Moment annehmen
Diese Strategie möchte ich Dir anhand eines Erfahrungsberichts von mir beschreiben: Als mein Sohn 9 Monate alt war, wollte er plötzlich abends nicht mehr schlafen gehen - geschweige denn wach in sein Bett gelegt zu werden. In den vorhergehenden Monaten war das überhaupt kein Problem.
Als ich so im Dunkeln saß, mit ihm auf dem Arm und langsam eine gewisse Ungeduld in mir Aufstieg (wäre es nicht schön, wenn ich endlich Feierabend hätte, jetzt schlaf doch ein...), kam mir plötzlich eines in den Sinn:
Wie wäre es, wenn ich den Moment annehmen würde, wie er jetzt gerade ist, weil ich die Situation im Moment nicht ändern kann? Ich habe mir Folgendes gedacht: „Er braucht mich jetzt zum Einschlafen. Tagsüber ist er so ein Sonnenschein und schenkt mir viel Freude und jetzt gebe ich

ihm die Zeit in meinem Arm, die er braucht, um in den Schlaf zu finden. Ich akzeptiere, dass er mich zum Einschlafen mehr braucht als sonst und nutze die Zeit, um meinem Kind bewusst ganz nahe zu sein, bei ihm zu sein - im Moment zu sein. Und ich investiere damit in unsere Bindung zueinander."

Ab dem Zeitpunkt, an dem ich mich auf den Moment einließ, fiel die Anspannung von mir ab und der negative Gedankenzug (...die Zeit könnte ich jetzt auch effektiver nutzen, wenn er schlafen würde wie früher, jetzt ist es bereits nach 21 Uhr, ich will Feierabend...) wurde langsamer - manchmal stoppte er sogar für eine kurze Zeit. Genau dann landete ich im Hier und Jetzt mit meinem Kind im Arm, das sich vertrauensvoll und ganz ruhig an mich kuschelte. Nach längerer Zeit wurde er ruhig und ich konnte ihn in sein Bett legen.

Diese Methode ist sehr empfehlenswert, wenn die Anspannung, bzw. der Ärger sich gerade erst aufbaut. Dann wählst Du bewusst andere Gedanken, in denen Du den Moment annimmst, so wie er ist. Du übst Dich, mit Deinen Frustrationen umzugehen, ohne gleich vor Wut überzukochen – genau wie ein Kind in der Trotzphase.

Ein weiterer Vorteil dieser Methode ist es, dass Du Deinen Alltag „entschleunigst", weil Du Dich dem Moment hingibst und aufhörst an all das zu denken, was Du noch tun möchtest. Du bist für eine kurze Zeit im Hier und Jetzt - Du kannst es auch als eine Achtsamkeitsübung betrachten. Darüber hinaus schenkst Du Deinem Kind Deine gelassenere Präsenz und nimmst somit einer Situation „den Wind aus den Segeln."

Hinweis: Du musst die Situation nicht gutheißen oder für immer hinnehmen, sondern den Moment so annehmen, wie er gerade ist. Wenn Du an der Situation etwas ändern möchtest, dann kannst Du das in der kommenden Zeit machen - im Jetzt ist es meistens zu spät für Veränderungen.

Falls es Dich interessiert: Nach einem Monat war das abendliche Bettgehen wieder genauso problemlos wie zuvor. Es war eine Phase, in der mich mein Sohn brauchte.

Strategie 52: Richte Dich auf ein Ziel aus

Vorbereitung: Schließe die Augen und stell Dir Deine ideale Beziehung zu Deinem Kind vor. Diese Fragen können Dir dabei helfen:

- Was macht ihr?
- Wie gehst Du mit Deinem Kind um?
- Wie handhabst Du eure unterschiedlichen Bedürfnisse?
- Wie sprecht Ihr miteinander?
- Was fühlst Du im Umgang mit Deinem Kind?
- Was ist Dir am allerwichtigsten in der Beziehung zu Deinem Kind?

Öffne die Augen und mache Dir kurze Stichpunkte dazu. Jetzt überlegst Du, was Du tun kannst, um diese Idealvorstellung Wirklichkeit werden zu lassen. Danach fasst Du diese Erkenntnisse kurz und knackig in ein bis zwei Sätzen zusammen, in denen Du Dein Ziel für die (verbesserte) Beziehung zu Deinem Kind aufschreibst.
Anwendung: Immer wenn Du wütend wirst, versuche Dich gleich an dieses Ziel zu erinnern. Du wirst merken, dass Dein Ärger oder –Deine anfängliche Reaktion im Widerstreit mit diesem „Beziehungsziel" steht und dass Dein Ärger etwas nachlässt, wenn Du Dich auf dieses Ziel ausrichtest, bzw. Dich darauf konzentrierst.

Strategie, um entspannt zu planen

In den ersten Jahren mit meinem Kind hatte ich immer noch das Gefühl, dass ich den Alltag im Griff hätte. Jedoch ab dem Zeitpunkt der Geburt meines zweiten Kindes und noch stärker ab dem Kindergarteneintritt meiner Großen, beschlich mich vermehrt das Gefühl, dass der Alltag mich im Griff hatte.
Ich fühlte mich manchmal mehr oder weniger gehetzt. Unterschwellig war beständig ein Gefühl von „ich muss noch mehr schaffen" allgegenwärtig. Ich jagte meiner ewig langen To-do-Liste hinterher, die sich schneller füllte, als ich sie abarbeiten konnte.
Kurz gesagt hatte ich das Gefühl, nie fertig zu sein. Am Abend kam ich innerlich nicht zur Ruhe, weil ich unzufrieden mit dem war, wie viel ich an diesem Tag geschafft hatte. Ich hätte doch viel mehr schaffen müssen – wo ist die Zeit geblieben?
Dieses Gefühl von niemals-fertig-werden, von einem To-do-Punkt zum nächsten zu hetzen, habe ich mit einer einfachen Methode loslassen können. Seitdem bin ich gelassener im Alltag, zufrieden mit dem, was ich an diesem Tag geschafft habe.

Strategie 53: Setze Dir Ziele, Teilziele und Tagesziele

Nimm Dir einen Nachmittag frei, wenn das für Dich möglich ist und überlege Dir, welche Ziele Du in den nächsten 3, 6 oder 12 Monaten umsetzen möchtest. Denke dabei an die verschiedenen Lebensbereiche (Ziele für Beziehungen, Ziele für Deine Gesundheit, Ziele für die Karriere, persönliche Ziele). Nimm Dir nicht zu viel vor! Ich habe höchstens 3 Ziele pro Bereich.
Danach teilst Du diese Ziele in Teilschritte auf oder Du leitest Monatsziele davon ab. Nimm ein leeres Notizbuch zur Hand und schreibe zuerst Deine Jahresziele (Halbjahresziele oder Quartalsziele) nach Bereichen sortiert auf. Die nächste Seite beinhaltet Deine Teilziele oder Monatsziele.
Für viele Menschen ist es hilfreich, sich diese Monatsziele als erreicht vorzustellen und zu fühlen, wie es wäre, das geschafft zu haben. Diese kleine Übung macht es für Dich realer und motiviert Dich gleichzeitig, mit der Umsetzung zu beginnen.

Jetzt kannst Du Dich jedes Wochenende kurz hinsetzen und die kommende Woche planen. Leite von Deinem Teilziel oder Monatsziel ein oder mehrere kleine Wochenziele ab. Diese Wochenziele führen in kleinen Teilschritten zum größeren Monatsziel und im Verlauf des Jahres zum Jahresziel.
Schaue Dir Deine Wochenziele an und entscheide Dich, welche ein bis drei Teilschritte Du pro Tag machen möchtest. Beachte dabei: Je nachdem wie viel Zeit Du am jeweiligen Tag haben wirst, nimmst Du Dir schnell erreichbare oder zeitintensivere Ziele vor. Bei zeitintensiven Zielen reicht ein Ziel pro Tag oder sogar für die ganze Woche!

Folgende Fragen können auch noch in Deinen Wochenplan mit einfließen: Was möchte ich an den einzelnen Tagen Schönes mit meinen Kindern machen? Dadurch verhinderst Du, dass der Tag mit all seinen Herausforderungen an Dir und Deinen Kindern vorbeizieht und Du Dich am Abend fragst, warum Du keine Qualitätszeit mit Deinen Kindern hattest. Was möchte ich im Haushalt schaffen – was ist wichtig (und wo kann ich vielleicht etwas liegen lassen)? Was tue ich täglich für mich, um meine Batterien wieder aufzuladen? Das kann etwas ganz Kleines sein! Welche Erledigungen muss ich machen, welche Termine stehen an?
Jeden Tag legst Du Dir Dein Notizbuch offen hin und weißt, worauf heute Dein Fokus liegt. Du hakst Geschafftes ab und bist dabei schneller und effektiver, weil Du nicht von irgendwelchen anderen To-do´s abgelenkt oder von der Länge Deiner Liste demotiviert wirst.
Hast Du alles für den Tag abgehakt, wird sich ein wahres Erfolgserlebnis einstellen. Sei Dir jedoch bewusst: Es gibt auch Tage, da läuft alles anders als geplant. Ein Kind wird krank und der geplante Tag kann gestrichen werden. Tagesziele können auch auf die nächste Woche übertragen werden! Kein Grund sich deswegen unter Druck zu setzen. Denke immer daran: „Der Weg ist das Ziel" und dass Du immer wieder die Möglichkeit dazu hast, eine Tätigkeit auszuführen, die Dich Deinen Zielen ein kleines Stückchen näherbringt.

Strategien, um in der Erziehung entspannt zu bleiben

Kindererziehung – ich nenne es lieber „Kinder auf ihrem Weg begleiten“ – ist einerseits eine wundervolle Aufgabe und andererseits eine große Herausforderung. Zeitweise stürzt sie Dich vielleicht in Hilflosigkeit, Überforderung, Verunsicherung oder Verzweiflung.
Wenn Du langfristig etwas im Alltag mit Deinem Kind entspannen möchtest, dann empfehle ich Dir, Dich mit den Grundthemen des Erziehungsalltags zu beschäftigen. (Wenn Du noch tiefer in dieses Thema einsteigen möchtest, schaue Dir mein Arbeits-E-Buch „Dein Leitfaden für die Erziehung Deiner Kinder“ an - siehe dazu auch Seite 123)

Strategie 54: Kennst Du Deine Ideale und Werte und handelst danach?

Hast Du das auch bei Dir beobachtet? Du wolltest nie diese ganz besondere und typische Verhaltensweise Deiner Mutter/Deines Vaters übernehmen und es bei Deinem Kind wiederholen. Und doch ertappst Du Dich jetzt - seitdem Du ein Kind hast dabei, dass Du in manchen Situationen genauso wie Deine Eltern reagierst – obwohl Du das gar nicht möchtest. Seitdem Du ein Kind hast, ertappst Du Dich jetzt zum Beispiel dabei, dass Du laut wirst, wenn Dein Kind Dir nicht zuhört oder dass Du nörgelst.
Nimm Dir Zeit und werde Dir bewusst, was Dir in der Erziehung Deiner Kinder wichtig ist und wie Du Dich verhalten möchtest. Mache Dir dafür zwei Listen. Wenn Du weißt, wohin Du gehen willst, merkst Du auch, wenn Du in die falsche Richtung läufst. Dann überlege Dir in welcher typischen Alltagssituation Du einen der Punkte auf Deiner Liste umsetzen kannst und wie Du Dich selbst daran erinnerst.
Beispiel:
Wichtig: Mir ist ein freundlicher Umgangston wichtig
Umsetzung: Jeden Morgen wenn es stressig wird, bevor wir das Haus verlassen müssen, erinnere ich mich daran, dass ich freundlich sprechen will (im Gegensatz zu befehlen)
Erinnerungsstütze: Ein Smiley in der Ecke des Flurspiegels.
Wenn Du Dich mit Deinen Werten und Idealen bezüglich der Kindererziehung auseinander setzt, Dich bewusst für diese entscheidest und es

schaffst, diese in Deinen Alltag zu integrieren, dann kannst Du alte Verhaltensmuster durchbrechen. Deshalb suche Dir einen Punkt aus Deiner Liste aus, setze diesen dafür konsequent und mit Erinnerungsstütze um. Und sei geduldig mit Dir! Du wirst immer wieder einmal in Deine alten Gewohnheiten zurückfallen – sie fallen Dir nun jedoch verstärkt auf, weil Du es anders machen möchtest. Akzeptiere Rückfälle, sie gehören zum Veränderungsprozess dazu.

Strategie 55: Lass Dich von einem Erziehungsziel leiten
Überlege Dir jetzt in ein bis zwei Sätzen, was Dein oberstes wichtigstes Erziehungsziel ist. Wie sollen Deine Kinder sein, wenn sie als Erwachsene ein eigenes Leben führen? Beginne mit: „Ich will, dass mein Kind..."
Danach fragst Du Dich: Was muss ich tun, was muss ich vorleben, bzw. wie muss ich sein, damit mein Kind zu diesem Menschen wird?
Beispiel: Erziehungsziel: „Ich will, dass meine Kinder glücklich, ausgeglichen, in sich ruhend sind und wissen, dass sie wundervolle Menschen sind, die für ihr Leben selbst verantwortlich sind."
Was kann ich dafür tun: Meinen Kindern viel Zeit schenken, geduldig sein, Zeit für Beobachtungen schenken, sie annehmen, so wie sie sind und ihnen in Worten und Taten zeigen, dass sie wundervolle Menschen sind. Zusätzlich kann ich lösungsorientiert im Umgang mit Kindern sein.
Hänge Dir Deine Notizen an eine Pinnwand und schaue regelmäßig darauf, um Dich an Dein Ziel in der Erziehung Deiner Kinder zu erinnern.

Strategie 56: Verstehe die Vorbildfunktion, die Du hast
Kinder bis sieben Jahre lernen durch Nachahmung - vor allem von ihnen nahestehenden Personen. Somit bist Du als Elternteil ein wichtiges, wenn nicht sogar das wichtigste Vorbild für Dein Kind. Deshalb ist es angebracht, über Dein Verhalten im Umgang mit Deinem Kind nachzudenken. Es gibt bestimmt sehr viele Situationen im Alltag mit Deinem Kind, in denen das, was Du sagst und das, was Du tust, in Einklang stehen. Zum Beispiel: „Ich will nicht, dass du deinen Bruder haust" und Du Deinem Kind nie einen Klaps gibst.
Es wird aber auch Situationen geben, in denen das nicht der Fall ist und das Prinzip „Eine Handlung sagt mehr als tausend Worte" zum Tragen

kommt. Zum Beispiel sagst Du, dass man nicht auf Tischen sitzt. Du selbst aber sitzt immer wieder halb auf dem Tisch oder lehnst Dich sitzend an. Dein Kind beobachtet Dich ganz genau. Was es sieht, ist wichtiger als das, was Du sagst. Deshalb wird es in diesem Fall schwer werden, Deinem Kind zu erklären, warum es nicht auf Tischen sitzen darf.

Weitere Beispiele Deiner Vorbildfunktion wären:
- Du nimmst Deinem Kind Gegenstände einfach aus der Hand, ohne etwas zu sagen, willst aber nicht, dass Dein Kind anderen Kindern etwas wegnimmt.
- „Du sollst nicht so viele Süßigkeiten essen", aber Du gönnst dir jeden Nachmittag zu Deinem Kaffee eine Handvoll Kekse. Was prägt sich Deinem Kind mehr ein? Der abstrakte Satz „keine Süßigkeiten essen", oder das Beobachten, wie Du täglich Kekse isst?
- Lässt Du Dein Kind aussprechen?
- Wirst Du laut, wenn Du wütend bist?
- Benutzt Du Schimpfwörter vor Deinen Kindern, wenn Du Dich ärgerst? (über nervige Autofahrer?)
- Bist Du mitfühlend, wenn sich jemand weh tut, ärgert, traurig ist?
- Bist Du einfühlsam, wenn jemand etwas anders haben möchte?
- Schluckst Du Deinen Ärger runter oder zeigst Du Deine Gefühle und stehst für Deine Bedürfnisse ein?

Welche Situationen im Alltag mit Deinem Kind fallen Dir dazu ein? Wann sagst Du das eine und tust das andere? Überlege dann, wie Du diese Situationen anders gestalten könntest.

Strategie 57: Überdenke Deine Regeln

Welche Regeln und Grenzen sind Dir wichtig für Deinen Alltag mit Kind? Bedenke die Sicherheit Deines Kindes und was Dir im Alltag für das Zusammenleben wichtig ist. Gehe in Gedanken Deine Tage und eine ganze Woche durch und liste alle Regeln und Grenzen auf, die Dir zu Deinen Tagesabläufen einfallen. Wie viele Regeln sind Dir eingefallen?
Wenn es sehr viele sind, dann musst Du wissen, dass sich Dein Kind nicht zu viele Regeln merken kann. Deswegen kann es sehr leicht zu „Regelverstößen" kommen! Gehe jetzt Deine Regelliste ein weiteres Mal durch und streiche alle Regeln und Grenzen, die nicht absolut wichtige

Regeln und Grenzen sind.
Für die nun übrig gebliebenen essentiellen Regeln wäre es gut, wenn Du sie in irgendeiner Weise für Deine Kinder ersichtlich machst. Welche Erinnerungsstütze könntest Du für Dein Kind bauen, damit Du ihm hilfst, sich an diese wenigen jedoch sehr wichtigen Regeln zu erinnern und sich daran zu halten?

Strategien, um Dich von Selbstzweifeln und dem schlechten Gewissen zu verabschieden

Kennst Du diese Selbstzweifel: Bin ich gut genug? Als Mutter? Als Vater? Als Ehefrau? Als Ehemann? Im Beruf? Schießt Dir einer dieser Selbstzweifel manchmal heimlich und ungefragt durch Deinen Kopf? In Zeiten, wenn Deine Welt wieder einmal Kopf steht? Bedrückt Dich dieser Gedanke, lässt er Dich grübeln, bereitet er Dir vielleicht sogar schlaflose Nächte?
Willst Du viel geduldiger, entspannter oder liebevoller sein? Aber Du schaffst es nicht und bist frustriert darüber? Siehst Du Dein Verhalten als eine Art Bestätigung Deiner Selbstzweifel, dass Du nicht gut genug bist? Dann sind die nun folgenden Strategien genau richtig für Dich.
Sei versichert, dass Selbstzweifel zu haben nicht heißt, dass Du eine schlechte Mutter, ein schlechter Vater bist! Vielmehr zeigt es Dir, dass Du Dein Bestes gibst und Du danach strebst, noch besser zu werden. Höre in Deinem Bekanntenkreis einmal genau hin oder bringe das Gespräch auf das Thema „Zweifel" oder „schlechtes Gewissen" und Du wirst merken, dass Du nicht alleine bist. Darüber hinaus könntet Ihr euch gegenseitig unterstützen und betonen, dass Ihr eure Sache gut macht.

Strategie 58: Ich bin wertvoll für andere

Weißt Du, dass Du eine wundervolle, gute, fantastische Person bist? Vielleicht hast Du Dir das noch nicht oft genug bewusst gemacht. Zu sehr hast Du Dich wahrscheinlich auf Deine Fehler und Schwächen konzentriert. Deine Selbstzweifel oder Dein schlechtes Gewissen haben ein dunkles Tuch über Deine strahlende Persönlichkeit gelegt und alles, was Du im Moment noch wahrnimmst, ist ein Schatten Deines wahren Selbst.
Stell Dir einmal vor, dass Du genau richtig bist für die Personen, die in Dein Leben gekommen sind. Du bist eine wundervolle Person, die ihr warmes Licht in die Welt strahlt und dabei ganz viele Menschen tief berührt - wie ein Scheinwerfer, der auch die hintersten dunklen Ecken erleuchtet. Du bist gut – so wie Du bist! Mit all Deinen Stärken aber auch Schwächen und mit all Deinen Ecken und Kanten. Diese machen Dich erst zu einer lebendigen Persönlichkeit

Was Du Tag für Tag und oft auch Nacht für Nacht leistest, ist fantastisch! Und wenn Du nicht immer so reagierst oder handelst, wie Du es gerne möchtest, ist das absolut okay. Du machst so viele kleine und große Dinge genau richtig. Konzentriere Dich auf diese! Nicht auf die paar Ausrutscher, die beim Lernen, bzw. auf dem Erziehungsweg einfach dazu gehören. Oder hast Du das Einmaleins etwa gelernt, ohne ab und zu eine falsche Antwort zu geben?

Nimm Dir jeden Abend, zum Beispiel kurz vor dem Einschlafen, fünf Minuten Zeit, gehe in Gedanken den vergangenen Tag durch und erinnere Dich an Situationen, in denen Du gut für andere Menschen warst.

- Wem hast Du Deine Wärme geschenkt?
- Wen hast Du unterstützt?
- Wer hat durch Dich wieder zum Lächeln zurückgefunden?
- Wen hast Du zum Strahlen gebracht?
- Worauf bist Du stolz, was hast Du heute besonders gut gemacht?
- Hast Du in einer Situation besonders wundervoll reagiert?
- Was hast Du Deiner Familie heute von Dir geschenkt
- Was hast Du heute alles geleistet?

Lass Dir Zeit und sei geduldig mit Dir, falls Dir diese Übung schwerfällt oder Dir nicht so viel einfällt. Aber gib nicht auf! Schaue weiter! Wenn Du Dich mit diesen Fragen beschäftigst, dann nimmst Du Deinen Wert und Dein Strahlen für andere vielleicht erst einmal als ein flackerndes Teelicht wahr.
Konzentriere Dich darauf, richte Deine volle Aufmerksamkeit auf dieses kleine Fünkchen Hoffnung, dass Du eine wertvolle Person bist, die den Menschen um sich herum Wärme, Liebe, Geborgenheit, Wertschätzung und Aufmerksamkeit schenkt. Sei fest davon überzeugt, dass dieses Flackern zu einem gleißenden Licht wird und Dein gutes, wundervolles und fantastisches Ich nicht mehr zu übersehen ist. Du bist ein hochgeschätztes Geschenk für ganz viele Menschen in Deinem Leben. Finde Beweise, dass Du dieser wundervolle Mensch bist. Und gib nicht auf, bevor Du Dich gefunden hast.

Strategie 59: Auf den Spuren des schlechten Gewissens

Das Gewissen trägt dazu bei, dass Du nicht ausschließlich an Dich selbst

denkst, sondern auch die Bedürfnisse Deiner Mitmenschen im Blick hast. Da wir Menschen so gut wie immer in einer Gemeinschaft leben, ist es wichtig, das Wohlergehen aller Familienmitglieder im Blick zu haben. Deshalb meldet sich das schlechte Gewissen immer dann, wenn wir uns gegen die Bedürfnisse anderer entscheiden oder uns so verhalten haben, dass es andere verletzte.
Einen Haken hat das Gewissen trotzdem: Es gibt da noch Deine eigenen Bedürfnisse, die mit den Bedürfnissen anderer in Konflikt geraten können. Daraufhin hast Du ein schlechtes Gewissen, obwohl Du für Dich sorgst und selbst weißt, dass Deine Familienmitglieder auf lange Sicht davon profitieren, wenn es Dir gut geht. Deshalb frage Dich zuerst: Wann habe ich ein schlechtes Gewissen?

Beispiele:
- Wenn Du denkst, dass Du zu nachgiebig oder zu streng warst?
- Wenn Du glaubst, dass Du Deinen Kindern nicht gerecht wirst?
- Wenn Du denkst, dass Du zu wenig Zeit mit den Kindern verbringst?
- Wenn Du denkst, etwas besser machen zu können?
- Wenn Du Dich den Kindern gegenüber anders verhalten hast, als Du es wollest?
- Wenn Du etwas gesagt hast, das Du jetzt bereust?

Schaue Dir nun diese Liste an und überlege Dir, in welchen Situationen Du ein berechtigtes schlechtes Gewissen hast und überlege Dir, was Du in Deinem Verhalten verändern kannst.
Beispiele: Wenn Dein Kind Dir etwas erzählt und Du dabei auf Dein Smartphone schaust? (Obwohl es Dir wichtig ist, dass Du aufmerksam zuhörst). Oder wenn Du unter Zeitdruck bist und Dein Kind verbal anfährst? (Obwohl Du das gar nicht an Dir magst)
Welche Situationen bleiben danach übrig? Dein Bedürfnis, arbeiten zu gehen? Oder Dein Bedürfnis täglich eine halbe Stunde Pause zu haben? In diesen Fällen steht Dein Bedürfnis in Konflikt mit den Bedürfnissen anderer.

Um Dein Bedürfnisse nicht immer hintenan zu stellen, mache Dir immer wieder bewusst, welche Vorteile die Erfüllung Deiner Bedürfnisse für Dich, aber auch für Deine Familie hat. Schreibe es am besten auf:
- Welche Vorteile hat es für Dich?
- Welche Vorteile entstehen für Deine Kinder?

- Welche Vorteile hat es für Deinen Partner?
- Welche Nachteile entstehen für Dich, Deine Kinder oder Deinen Partner, wenn Du Dich durch Dein schlechtes Gewissen davon abhalten lässt, einem Wunsch oder einem Bedürfnis nachzugehen, obwohl es Dich glücklich machen würde und von dem Du weißt, dass im Endeffekt alle davon profitieren würden?

Lies Dir diese Liste immer wieder durch! Irgendwann sind die Vorteile so in Dir verankert, dass Du kein schlechtes Gewissen bzgl. dieser Sache mehr hast.

Strategien für nicht zuhörende Kinder

Kennst Du das? Du redest mit Deinem Kind und dieses reagiert nicht, bzw. Du bekommst ein „ja" oder „mh", ohne dass es das Gesagte aufgenommen hat. Kinder können sehr gut „auf Durchzug" schalten und uns ausblenden. Das ist für Eltern sehr frustrierend und nervig. Aber auch für die Kinder ist es anstrengend, den ganzen Tag über Anweisungen zu hören.
In den nun folgenden Strategien erfährst Du, was Du selbst tun kannst, um das Gehört-werden zu verbessern und Deinem Kind zu helfen, das Gesagte besser wahrzunehmen.

Strategie 60: Berühre Dein Kind bevor Du sprichst

Kinder haben noch die Fähigkeit, sich voll und ganz auf ihr Spiel einzulassen. Deshalb sind sie oft so vertieft in ihr Spiel, dass sie Dich nicht hören können, wenn Du ihnen aus zwei Meter Entfernung etwas sagst. Bevor Du Deinem spielenden Kind etwas mitteilst, gehst Du am besten zu Deinem Kind hin, berührst es leicht (legst Deine Hand auf die Schulter des Kindes), gehst auf Augenhöhe und wartest bis es Dich anschaut und Du seine volle Aufmerksamkeit hast. Dann erst sprichst Du zu Deinem Kind.

Strategie 61: In der Kürze liegt die Würze

Wenn an das Kind gerichtete Sätze zu lange sind, bzw. zu viele Informationen darin enthalten sind, dann kann das Dein Kind überfordern. Bevor es sich auf zu viele Dinge gleichzeitig konzentriert, schweift seine Aufmerksamkeit ab. Es ist besser, einen Satz zu sagen, bzw. eine Information zu geben, ohne viel Drumherum zu sprechen: „Nimm bitte die Tasche und stelle sie ins Regal." Anstatt zu sagen: „Deine Tasche liegt im Weg herum, da kann ich darüber stolpern und mir richtig weh tun. Das willst du doch nicht, oder? Räum sie weg." (Die Aufforderung kommt so spät, dass die Gefahr groß ist, dass das Kind bis dahin gedanklich bereits woanders ist).
Zu viele Anweisungen auf einmal können Dein Kind überfordern. Wenn

Du zu einem 2-jährigen Kind sagst: „Jetzt räumst du deine Schuhe weg, dann gehst du in dein Zimmer und räumst die Bücher auf und dann kommst du in die Küche zu mir“, dann sind das eine Menge Informationen, die es sich merken soll.
Je nachdem, wie gut sich Dein Kind Deine Anweisungen merken kann, ist es fähig die Schritte auszuführen oder auch nicht. Ich rate Dir, dass Du mit einer Anweisung anfängst. Wenn Dein Kind in den Kindergarten geht, kannst Du ausprobieren, ob sich Dein Kind bereits zwei Anweisungen merken kann. Als Vorschulkind kann es sich vielleicht drei Dinge merken. Jedes Kind ist anders. Beobachte Dein Kind, wie viel Informationen es sich merken kann und auch, wann es ihm zu viel wird. Das könntest Du daran erkennen, dass es sich entweder weigert zu beginnen, unschlüssig im Raum steht oder zuerst mit einer Handlung beginnt und nach der ersten Anweisung aufhört, weil es den Rest bereits wieder vergessen hat.

Strategie 62: Verbessere Deine Ausdrucksweise

Manchmal passiert es, dass Forderungen zu allgemein formuliert werden, wie zum Beispiel „Wäre schön, wenn der Tisch abgeräumt wird.“ Gerade, wenn es mehrere Kinder sind, wird sich wahrscheinlich keiner angesprochen fühlen. Es ist besser, ein Kind beim Namen zu nennen, ihm in die Augen zu schauen und es zu bitten, den Tisch abzuräumen.
Die Formulierung der Bitte oder Forderung ist wichtig. Bei „Magst du“ oder „Willst du“ oder „Kannst du das machen“, kann und darf Dein Kind „nein“ sagen, da es eine Frage ist und somit eine Wahlmöglichkeit integriert ist. Fragen werden mit „ja“ oder „nein“ beantwortet. Besser ist es, wenn etwas gemacht werden soll, dies auch deutlich mitzuteilen, wie zum Beispiel: „Gib mir (bitte) deine Hefte“ oder „Räum deine Jacke jetzt (bitte) auf.“ Genaue Handlungsansagen werden meistens besser gehört. Es kann eine gute Idee sein, Deine Sprechlautstärke zu variieren. Flüstere ab und zu einmal, wenn es etwas Interessantes für Dein Kind zu hören gibt, sodass es gerne genauer hinhört. Versuche, auch einmal eine Bitte zu flüstern und beobachte, was passiert.

Strategie 63: Die Verzögerungstaktik

Antwortet Dein Kind auf Forderungen und Bitten gerne mit einem „ja, gleich", aber führt es diese nicht aus? Dann reflektiere Dich selber: Sagst Du (oder Dein Partner) oft „ja, gleich" und gehst dann erst sehr viel später zu Deinem Kind hin oder gar nicht? Besser ist es, Deinem Kind ehrlich und mit einer für das Kind verständlichen „Zeitangabe" zu sagen, wann Du Zeit für es hast. Da Kinder noch kein gutes Gefühl für Minuten haben, ist es besser, Zeit in Handlungsabfolgen umzuwandeln. Diese kann Dein Kind besser nachvollziehen und das zum Ende kommen dieser Handlungen beobachten. Zum Beispiel: „Wenn ich die Wäsche aufgehängt habe und die zusammengelegten Kleidungsstücke in den Schrank gelegt habe, dann lese ich dir ein Buch vor." Das versteht Dein Kind, weil es den Zeitrahmen sehen kann und auch Deinen Fortschritt beobachten kann.

Strategie 64: Ein bisschen Spaß muss sein

Wenn Dein Kind Dir nicht zuhören will (Dich bewusst ignoriert), obwohl Du eine Bitte oder Aufforderung aussprichst, dann versuche dieses Verhalten Deines Kindes nicht persönlich zu nehmen. Anstatt jetzt mit Druck oder Drohungen Dein Kind zum Zuhören zu bewegen, kannst Du folgende Strategie versuchen: Ich grinse manchmal in herausfordernden Situationen urplötzlich und ganz unerwartet und wackle mit meinen Fingern und sage mit einer lustigen Stimme: „Na warte, ich muss Dich jetzt so lange kitzeln, bis Du mir zuhörst." Das hört mein Kind sofort und läuft freudig kreischend davon.

Dieses Verhalten nimmt Dir Deinen Ärger und bringt euch beide in eine andere Situation und Stimmung, in der das Zuhören für Dein Kind wieder leichter ist.

Strategien, wie Eltern entspannt bleiben können

Meiner Erfahrung nach ist die wichtigste Strategie, um im Alltag entspannt zu bleiben, die bewusste Vorbereitung des Kindes auf eine Situation. Dies ist so wirkungsvoll, weil es eine vorbereitende Strategie ist. Du bist noch nicht gestresst und kannst Deinem Kind mit Gelassenheit und Ruhe dabei helfen, sein Spiel zu beenden. Du gibst Deinem Kind die Möglichkeit, sich auf das kommende Spielende einzustellen. Dadurch erhöhst Du seine Kooperation.
Eine weitere sehr wichtige Strategie für entspannte Eltern hat mit dem Thema Perfektionismus zu tun. Perfektionismus hält Dich gefangen, imperfekt sein setzt Dich frei.

Strategie 65: Bereite Dein Kind auf Kommendes vor
Bevor ich Dir die Strategie vorstelle, bekommst Du von mir einen Einblick in die Erlebenswelt eines Kindes. Stelle Dir folgende zwei Szenen vor - die Ausgangssituation ist für beide Szenen gleich: Du sitzt mit einem hoch spannenden Buch auf dem Sofa und kommst gerade zu dem Punkt in der Geschichte, in der die Auflösung all der Wirrungen der Erzählung stattfindet. Du kannst es kaum erwarten, herauszufinden, wie sich alles entwickelt.

Szene 1:
Dein Mann kommt herein und sagt: „Wir fahren jetzt sofort zum Einkaufen. Lauf los und ziehe dich an!" Wenn Du Dich nicht gleich bewegst, nimmt er Dir das Buch aus der Hand, klappt es zu und legt es an eine Stelle, an die Du nicht herankommst. Wenn Du dann immer noch nicht in die Garderobe gehst, nimmt er Dich an der Hand und führt (bzw. zieht) Dich in die Garderobe. Missmutig fährst Du mit zum Einkaufen.

Szene 2:
Dein Mann kommt herein und sagt: „Wir müssen heute noch zum Einkaufen fahren. Wenn wir in einer halben Stunde losfahren, dann schaffen wir noch alles. Kannst du dich bis dahin fertigmachen?" Nach fünfzehn Minuten kommt er erneut herein und erinnert Dich an das Einkaufen. So langsam kannst Du Dich von Deinem spannenden Buch lösen. Du hörst

nach einem Kapitel auf, bei dem die Spannung nicht mehr ganz so hoch ist. Beim Anziehen erzählst Du gut gelaunt von dem fantastischen Buch. Welche Szene fühlt sich für Dich besser an? Ich brauche Dir wohl nicht zu erklären, welche Szene sich für mich besser anfühlt und aus welchem Grund. Genau so stelle ich mir das Erlebnis eines Kindes vor, das aus dem versunkenen Spiel – ohne Vorwarnung – herausgerissen wird. Seine Begeisterung für eine Sache wird von jetzt auf gleich durchbrochen. Deshalb empfehle ich Dir, Dein Kind auf Kommendes vorzubereiten, sodass es die Möglichkeit hat, sich innerlich darauf einzustellen. Auf die großen Erlebnisse genauso wie auf die kleinen Dinge des Alltags, wie das Ende einer Spielzeit.
Du machst es Deinem Kind nicht nur leichter, Abschied von seiner Tätigkeit zu nehmen, sondern erleichterst Dir Deinen Alltag ungemein, weil Dein Kind dann viel weniger Protestieren wird. Es wird vielleicht trotzdem noch enttäuscht sein, dass es aufhören muss zu spielen, aber in den meisten Fällen bleibt Dir ein Wutanfall erspart und die Atmosphäre bleibt entspannt.

Wann und wie Du diese Methode anwenden kannst erfährst du in diesen 6 Beispielen aus meinem Leben mit Kindern:

1. Beispiel:
Ich erzähle meinem Kind immer am Frühstückstisch, was am heutigen Tag geplant ist. Wie zum Beispiel, dass wir irgendwo hinfahren und uns jetzt gleich fertig machen müssen. Ich bereite es vor, dass es sich deshalb nicht lohnt, noch ein Spiel anzufangen. Oder ich erzähle, dass ich heute den Großputz mache und deshalb ganz wenig Zeit zum Mitspielen haben werde.

2. Beispiel:
Wenn ich gerade mit meinem Kind spiele oder ihm vorlese, dann kündige ich das Ende an. Jeweils ein paar Minuten, bevor ich aufhören möchte, sage ich „dieses Buch noch“ oder „noch einmal dieses Spiel, dann mache ich die Wäsche.“

3. Beispiel:
Bevor es abends Zeit für die Bett-Geh-Routine ist, sage ich „es sind noch zehn Minuten, dann ist es Zeit fürs Bett.“ Nach fünf Minuten erinnere ich mein Kind erneut daran. Oder ich kündige an: „Noch ein Buch,

dann ist Bett-Geh-Zeit." Manchmal stelle ich auch den Wecker und sage „wenn der Wecker klingelt, putzen wir die Zähne."

4. Beispiel:
Beim Mittagessen erkläre ich: „Nach dem Mittagessen ist es Zeit für deinen Mittagsschlaf."

5. Beispiel:
Wenn größere Ereignisse anstehen, fange ich mit der Vorbereitung der Kinder auf die Situationen bereits früher an. Je nach Ereignis eine Woche, mehrere Wochen oder gar Monate vorher.
Diese Ereignisse können zum Beispiel folgende Dinge sein: Ein Wochenende allein bei Oma und Opa / der Beginn der Krippe bzw. des Kindergartens / ein Geschwisterchen bekommen / Mama fährt alleine für mehrere Tage weg. Ich erwähne das Ereignis zwischendurch immer wieder, wenn es beim Vorlesen eines Buches thematisch passt oder wenn ein befreundetes Kind diese Situation gerade durchlebt. Dies mache ich, um mein Kind immer wieder daran zu erinnern, dass dieses Ereignis bevorsteht. Kurz bevor es dann so weit ist, frage ich mein Kind, was denn kommendes Wochenende anders ist und in der Regel sagt es ganz ruhig, gefasst und wissend, was ansteht.

6. Beispiel:
Auch schmerzhafte Ereignisse spare ich nicht aus. Ich sage meinem Kind, wenn etwas eventuell schmerzhaft sein könnte. Selbstverständlich betone ich es nicht und erwähne es beiläufig. Ich tue dies aus folgendem Grund: Ich möchte nicht, dass ich das Vertrauen meines Kindes verliere, weil ich sage, dass etwas gar nicht weh tun wird und dann tut es in den Augen eines Kinder doch sehr weh (zum Beispiel: Spritze geben).

Mit dieser Strategie hilfst Du Deinen Kindern beim Kooperieren, da sie Zeit haben, sich auf das Kommende vorzubereiten. Außerdem zeigt die Vorbereitung Deinen Kindern, dass sie Dir wichtig sind, Du sie ernst nimmst und dass sie ihre Meinung dazu äußern dürfen.

Strategie 66: Du musst nicht perfekt sein

Stell Dir einmal vor: Alles läuft genau nach Plan. Deine Wohnung oder Dein Haus sind bis auf das I-Tüpfelchen strukturiert und dekoriert. Deine Kinder sind strahlende Wunderkinder, die keine Wutanfälle haben und sich nie schmutzig machen. Du bist immer nach der neuesten Mode gestylt und das erste, was Du am Morgen in aller Ruhe tun kannst, ist duschen, anziehen und genüsslich Deinen Kaffee trinken, während Du seelenruhig in der Tageszeitung blätterst. Währenddessen ziehen sich Deine Kinder fröhlich an und kommen dann mit guter Laune zum Frühstück.

Das ist wohl das perfekte Bild einer perfekten Mutter/eines perfekten Vaters mit perfekten Kindern. Im ersten Moment des Lesens klingt dieses perfekte Leben vielleicht noch erstrebenswert. Wenn ich jedoch länger darüber nachdenke, erscheint es mir fast ein bisschen langweilig. Was spricht dagegen, wenn Deine Wohnung oder Dein Haus unordentlich ist? Nichts! Solange Du und Deine Familie euch wohl fühlt und meistens alles findet, was ihr sucht, ist doch alles in Ordnung. Dein Zuhause muss nicht perfekt aussehen, wenn kleine Kinder darin leben. Spielende Kinder schaffen es nicht, auf Dauer sauber oder still zu bleiben, bzw. all ihre Dinge in Ordnung zu halten. Es geht nicht um Perfektionismus, sondern darum, glücklich, gesund und lebendig zu sein.

Es geht darum Kinder zu haben, die lachen, spielen, toben, weinen, sich ausprobieren und sich dabei schmutzig machen. Um Kinder, die Leben und Bewegung in Deinen Alltag bringen.

Wenn Du in alter Hose und Gummistiefeln mit Deinen Kindern über Baumstämme balancierst oder durch Pfützen hüpfst, macht das vermutlich mehr Spaß - wenn Du es schaffst Dich darauf einzulassen -als auf einer Bank zu sitzen.

Habe den Mut, nicht perfekt sein zu müssen und gewinne dadurch die Freiheit, das Leben mit Deinem Kind genießen zu können und Dich einmal in Ruhe hinsetzen zu können, während Dein Kind schläft - anstatt aufzuräumen.

Nimm Dich als Mutter/Vater an und schätze Dich – so wie Du bist. Du bist perfekt, so wie Du bist — vor allem für Dein Kind, das Dich ohne Wenn und Aber liebt!

Schreibe Dir jetzt drei Dinge oder Situationen auf, in denen Du weniger perfektionistisch sein willst.

Strategie 67: Hilfe, mein Kind macht keinen Mittagsschlaf mehr

Das Mittagessen ist vorbei, Dein Kind liegt in seinem Bettchen, Du hast gerade alle Spuren vom Mittagessen beseitigt und willst Dich mit einer Tasse Kaffee aufs Sofa setzen. Da hörst Du eine Stimme aus dem Kinderzimmer: „Fertig Schlafen", obwohl Dein Kind noch nicht geschlafen hat. Irgendwann, meistens zwischen zwei und drei Jahren, wollen Kinder keinen Mittagsschlaf mehr machen. Von heute auf morgen kann es mit der ruhigen Zeit nach dem Mittagessen vorbei sein. Wenn Kinder keinen Mittagsschlaf mehr machen, dann fehlt oft eine Erholungsphase für Mutter, bzw. Vater und Kind. Dies kann zu gereizten Nachmittagen führen (besonders, weil Kleinkinder ohne Mittagschlaf oft am späten Nachmittag müde und weinerlich werden).

Die Ruhezeit gibt Eltern und Kind die Möglichkeit, Ruhe und Kraft zu schöpfen, um dann wieder mit Elan in den Nachmittag zu starten. Ab dem Zeitpunkt, an dem Dein Kind keinen Mittagsschlaf mehr machen will, kannst Du eine Ruhezeit einführen. Dafür brauchst Du lediglich einen Küchenwecker. Sage Deinem Kind, dass es nicht schlafen muss, anstatt dessen jedoch eine Ruhezeit hat. Bis der Wecker klingelt soll es ruhig alleine spielen, bzw. Bücher lesen. Anfangs habe ich den Wecker auf fünf bis zehn Minuten gestellt, bei Erfolg kannst Du die Zeitspanne schrittweise und je nach Alter auf 30 Minuten erhöhen.

Zu Beginn werden manche Kinder vor dem Klingeln des Weckers Deine Aufmerksamkeit einfordern, dann wägst Du ab, ob es wichtig ist („Ich muss Pipi machen") oder ob Dein Kind das Gewünschte nach der Ruhezeit haben kann (ein Buch vorlesen). In diesem Fall könntest Du folgendes sagen: „Der Wecker tickt noch, es ist noch Ruhezeit. Wenn der Wecker klingelt, dann lese ich dir dein Buch vor."

Nach einer anfänglichen Testphase akzeptieren die meisten Kinder die Ruhezeit und spielen oft hoch konzentriert, bzw. schauen lange intensiv Bücher an oder puzzeln. Wichtig ist dabei: Besprich vor der Ruhezeit mit Deinem Kind, was es machen möchte und schaut, dass es dazu alle Materialien zur Verfügung hat. Es ist eine gute Idee ein Trinken bereitzustellen, weil „Ich habe Durst" ein Klassiker ist, wie ein Kind Mama oder Papa ganz schnell dazu bekommt aufzustehen.

Strategien, um wieder in die innere Mitte zu finden oder dort zu bleiben

Es sind vordergründig die Streitigkeiten der Kinder oder andere anstrengende oder stressige Momente im Tagesablauf, die Eltern so unzufrieden oder genervt werden lassen. Wenn genauer hingeschaut wird, dann haben die Eltern in diesen Stunden, bzw. an diesem Tag ihre innere Mitte verloren.
Ich habe mich vor Längerem auf die Suche gemacht, was mir (und anderen Eltern) helfen könnte, um generell mehr in der eigenen Mitte zu bleiben - auch bei einem Nachmittag voller Geschwisterstreit oder mit mehreren Wutanfällen.
Bei meiner Suche bin ich bei drei Übungen hängengeblieben, die ich regelmäßig durchführe und ich merke, dass sie mir gut tun und mich zentrieren.

Strategie 68: Wofür bin ich dankbar
Das Üben von Dankbarkeit hilft den Fokus auf die erfreulichen Situationen des Alltags zu legen, weil Du Dich auf die Dinge und Menschen in Deinem Leben konzentrierst, für die Du dankbar bist. Dieses warme Gefühl der Dankbarkeit beruhigt gestresste Gemüter und lässt die Welt in einem positiveren Licht erstrahlen. Auf längere Zeit hilft es Dir, mehr in Deiner eigenen Mitte zu bleiben.

Wähle eine der beiden Dankbarkeitsübungen für Dich aus:
- Das Dankbarkeitsjournal: Jeden Abend schreibst Du drei bis fünf Dinge auf (oder auch mehr, wenn Du willst), für die Du an diesem Tag dankbar bist
- Überlege Dir vor dem Einschlafen Deine Top 3 Momente des Tages, für die Du dankbar bist
- Frage Dich nach jedem Tagesabschnitt (nach der Morgenroutine, nach der Arbeit, nach den Hausaufgaben machen, nach der Abendroutine) für welche Dinge Du in diesem Tagesabschnitt dankbar sein kannst – auch wenn sie noch so klein sind

Die gefundenen Situationen, Menschen und Dinge, für die Du dankbar bist, lässt Du kurz (oder auch länger) vor Deinem inneren Auge erscheinen. Dadurch empfindest Du das Gefühl der Dankbarkeit noch intensiver.

Strategie 69: Mit Achtsamkeit ruhiger werden

Bereits länger begleitet mich das Thema Achtsamkeit – ganz präsent im Hier und Jetzt sein und diesen Moment mit allen Sinnen wahrnehmen. Wenn Du immer wieder ein paar kleine Momente im Tagesablauf damit verbringst, ganz im Hier und Jetzt zu sein, verringert das Deinen inneren Stresspegel und hilft Dir, ruhig und gelassen zu bleiben.

Die typische Achtsamkeitsübung läuft folgendermaßen ab:
Du konzentrierst Dich auf eine Tätigkeit wie das Abspülen, Essen oder Duschen und gehst diesen Moment mit Deinen Sinnen durch. Was riechst Du? Was schmeckst Du? Was fühlst Du mit Deiner Haut? Was hörst und siehst Du?
Kommen Dir Gedanken an die nahe liegende Zukunft, wie „ich muss noch den Einkaufszettel schreiben, bevor ich die Kinder abhole", holst Du Dich sanft wieder zurück in den Moment. Dies machst Du, indem Du Dich wieder auf Deine Sinne konzentrierst und was Du mit ihnen wahrnehmen kannst. Oder Du achtest ausschließlich auf Deinen Atem. Wo spürst Du ihn? Bewegt sich Deine Brust oder Dein Bauch?

Strategie 70: Wertschätzung bringt Zufriedenheit

Es ist schön, wenn Du Wertschätzung von anderen Menschen bekommst – nur kannst Du das nicht beeinflussen. Was Du beeinflussen kannst, ist die Wertschätzung, die Du Dir selbst gibst und auch die Wertschätzung, die Du anderen Menschen schenkst, bzw. die Wertschätzung die Du für sie empfindest.
Wertschätzung, die Du Dir selbst schenkst, hilft Dir dabei, mehr in Dir selbst zu ruhen und von Deinem Wert für andere überzeugt zu sein. Das wiederum hilft Dir, dass Du nicht gibst, um Anerkennung zu bekommen, sondern, dass Du gibst, weil Du es aus ganzem Herzen tun möchtest oder auch die Stärke hast, einmal „nein" zu sagen.

Übungen zur Selbstwertschätzung

- Nimm Dir ein Notizbuch und mache daraus Dein Erfolgstagebuch. Schreibe Dir wöchentlich (oder täglich, wenn Du willst) Deine kleinen und großen Erfolge auf. Erfolge im privaten sowie beruflichen Bereich.
- Schreibe einen Brief an Dich selbst, indem Du Deine Wertschätzung für Dich selbst zum Ausdruck bringst.
- Mache Dir eine Liste über alles, was Du an Dir schätzt (Talente, Fähigkeiten, Charakterzüge, Körper, Gesundheit, Umgang mit anderen, Verhaltensweisen).
  Wertschätzung, die Du für andere empfindest hilft Dir, „unbeschadet" durch stressige Momente oder Stunden mit diesem Menschen zu kommen.

Übungen zur Wertschätzung von anderen Menschen

- Schreibe pro Person in Deiner Familie eine Liste von zwanzig oder fünfzig Eigenschaften auf, die Du an der Person schätzt
- Sage jedem Familienmitglied jeden Tag eine Sache, die Du heute – oder generell – an ihnen schätzt.

Teil 3: Entspannte Kinder

Strategien, die dem Selbstwert Deines Kindes guttun und es dadurch entspannt werden lässt

Du willst das Beste für Dein Kind.
Du willst, dass Dein Kind gut mit Menschen zurechtkommt.
Du willst, dass Dein Kind gute Wege findet, um Probleme zu lösen.
Du willst, dass Dein Kind ein gutes Selbstwertgefühl hat.
Dann ist es wichtig, das Selbstwertgefühl Deines Kindes zu stärken. Oder besser gesagt: Das ihm innewohnende Selbstwertgefühl nicht mit (leichtfertigen) Worten zu zerstören. Es folgen nun Strategien, welchen Du folgen kannst, um Dein Kind dabei zu unterstützen, sich wertvoll zu fühlen. Wenn ein Kind sich seines Wertes für die Familie bewusst ist, ist es weniger dazu geneigt, Aufmerksamkeit unangemessen einzufordern, weil es in sich ruht.

Strategie 71: Handlungsbezogene Anerkennung schenken
Zuerst einmal möchte ich Dir den Unterschied zwischen Anerkennung und Lob aufzeigen.
Anerkennung: „Dein Lernen hat sich echt gelohnt. Ich freue mich so mit dir über deine zwei in Mathe!" oder „Ich habe gesehen, dass du ganz lange und konzentriert an deinem Bild gemalt hast."
Lob: „Du bist ein Mathe-Genie" oder „Das hast du schön gemalt."
Die Anerkennung zeigt Deinem Kind, dass Du seine Leistung und was es dafür getan hat, bemerkt hast. Das Lob hingegen ist auf ein Ergebnis bezogen. Beim Loben kann es Dir passieren, dass Du Dein Kind unter Druck setzt, weil es nicht weiß, ob es dieses Ergebnis in der Zukunft wiederholen kann. Oder dass Dein Kind denkt, dass es eine Fähigkeit entweder hat – oder eben nicht (im Gegensatz zu: „Ich kann es lernen, wenn ich mich hineinhänge und übe").

Wichtig ist, dass Du den Weg, der zu einem Ergebnis führt, anerkennst - auch wenn dieser Weg nicht zum Erfolg geführt hat! Zum Beispiel: „Ich habe gesehen, wie sehr du dich bemüht hast, diesen Kreis auszuschneiden. Du hast die Schere richtig gehalten und hast es immer wieder einmal geschafft, auf der Linie zu schneiden. Jetzt bist du traurig, dass dein Kreis nicht ganz rund geworden ist." Diese Art von Anerkennung inpiriert Dein Kind, Rückschläge zu überwinden und es noch einmal zu versuchen.

Strategie 72: Drücke Wertschätzung, Dankbarkeit und Freude aus

„Ich schätze es sehr, dass du den Schmutz zusammengekehrt hast"
„Danke, du hast mir sehr geholfen"
„Ich freue mich, dass du dich heute so schnell angezogen hast"
„Ich freue mich, dass wir einen so schönen Nachmittag zusammen hatten"

Dein Kind merkt, dass Du es schätzt. Es weiß, dass es einen wertvollen Beitrag geleistet hat. Dein Kind erfährt, dass sein Tun Freude in Dir erzeugt hat. Dies hilft ihm, sich selbst als wertvoll zu erleben.

Falls Du es tagsüber vergisst, kannst Du es am Abend während der Bett-Geh-Routine nachholen. Ich spreche mit meinen Kindern abends über den Tag, was wir alles gemacht haben und was uns mehr oder weniger gefallen hat. Das ist eine gute Gelegenheit auch Wertschätzung und Dankbarkeit einfließen zu lassen.

Strategie 73: Liebe zeigen, sodass Dein Kind sie spüren kann

Du liebst Dein Kind - keine Frage. Im stressigen Alltag kann es Situationen geben, in denen Du weniger liebevoll reagierst. Das ist menschlich. Um das Selbstwertgefühl Deines Kindes zu stärken, kannst Du Dir überlegen, welche Handlungen Deinem Kind zeigen, dass Du es liebst. Nicht jedes Kind mag Kuscheln oder Nähe als Liebesbeweis.

Es gibt aber auch noch andere Verhaltensweisen, die Liebe ausdrücken.

- ungeteilte Aufmerksamkeit schenken (30 Minuten ungestörtes Spiel mit Deinem Kind)
- Strahlend anlächeln, wenn Dein Kind in Dein Blickfeld kommt
- Zusammen etwas Lustiges machen oder lesen und gemeinsam darüber lachen
- Das Kind mit seinen Stärken und Schwächen annehmen (und Dich heute einmal nicht darüber aufregen)
- Fragen, wie es ihm geht, wie es sich fühlt, was es braucht, um sich wieder besser zu fühlen

- Das Buch zusammen lesen „Weißt Du eigentlich wie lieb ich Dich habe?" Und darüber sprechen.

Strategie 74: Handlungsbezogene Kritik geben

Es gibt eine handlungsbezogene und eine personenbezogene Kritik, die Du nach einem unangemessenen Verhalten geben kannst:
Handlungsbezogen: „Ich will, dass du mit dem Schlagen sofort aufhörst."
Personenbezogen: „Wie kannst du so gemein sein und deine Freundin schlagen?"
Kritik verletzt das Selbstwertgefühl Deines Kindes nicht, wenn es sich auf seine Handlung bezieht. Kritik jedoch, die sich auf die ganze Person „Du bist..." bezieht oder ein „immer muss ich dir sagen" bzw. „ständig machst du das falsch" beinhaltet, gibt dem Selbstwertgefühl Deines Kindes einen Dämpfer.
Deshalb ist es wichtig, Dich selbst im Alltag zu beobachten wie Du Kritik ausdrückst und evtl. an Deiner Ausdrucksweise zu arbeiten.

Weitere Beispiele für handlungsbezogene Kritik:
„Hör auf damit, den Turm deiner Schwester umzuwerfen."
„Ich habe gesehen, wie du deinen Bruder geschubst hast. Das ist nicht okay für mich."
„Dir ist das Brot auf den Boden gefallen, hebe es bitte wieder auf."

Dazu passende Beispiele für personenbezogene Kritik:
„Immer musst du deine Schwester ärgern, hör auf damit."
„Du bist so wild, jetzt hast du deinen Bruder geschubst."
„Ständig fallen dir Dinge auf den Boden."

Strategie 75: Liebe und Kritik sind vereinbar

Sage Deinem Kind, dass Du es immer lieb hast auch wenn Du manchmal mit ihm schimpfst (das wird Dir wahrscheinlich immer wieder passieren, auch wenn Du mit Deinem Kind nicht schimpfen möchtest) oder es kritisierst. Das zeigt Deinem Kind, dass Du es trotzdem liebst und es ein wundervoller Mensch ist, auch wenn es nicht perfekt ist. Dies ist sehr gut für das Selbstwertgefühl des Kindes.

Wie Du das machen kannst?

- Sage Deinem Kind in einer ruhigen Minute, während ihr gerade auf dem Sofa kuschelt:
  „Ich hab dich echt lieb. Weißt du, dass ich dich immer liebhabe, auch wenn ich es dir gerade nicht zeige und dich ausschimpfe?"
  Das löste bei meiner Tochter (beim ersten Gespräch darüber) große Verwunderung aus. Nach mehreren Gesprächen zu diesem Thema kam nach einem Wutanfall ihrerseits folgender Satz: „Mama ich hab dich lieb - auch wenn ich manchmal blöde Mama zu dir sage!"
- Sage: „Ich habe dich lieb. Dass du deinen Bruder schlägst, akzeptiere ich jedoch nicht."
  Das ist eine andere - wertschätzendere – Art der Kritik. Diese Kritik sagt klar und eindeutig, was Du nicht willst, ohne den Selbstwert Deines Kindes dabei anzugreifen. Gut ist es, Deinem Kind danach zu zeigen, wie es sich „besser" verhalten kann.

Strategie 76: Gut über Dein Kind sprechen

Wie schnell passiert es, dass ich im Zusammensein mit anderen Müttern über meine Kinder rede. Das ist nicht negativ und auch nicht verwunderlich – es ist doch eine Gemeinsamkeit und man hat ähnliche Probleme. Im Beisein meiner Kinder sollte ich über ihre positiven Verhaltensweisen reden (und wenn sie in einem anderen Zimmer spielen, kann ich auch einmal Dampf ablassen).

Wie fühlst Du Dich, wenn jemand in Deinem Beisein schlecht über Dich redet? Ich mag es überhaupt nicht, deshalb sollte ich es auch meinen Kindern gegenüber nicht machen! Manche Worte können Dein Kind verletzen und seinem Selbstwertgefühl einen Knick geben. Gehe so oft wie möglich bewusst mit Deinen Worten um, die Du vor Deinem Kind äußerst.

Strategie 77: Sich selbst entschuldigen

Wenn bei Dir einmal die alte Gewohnheit durchgebrochen ist und Du Dein Kind zum Beispiel emotional „verletzt" hast, dann entschuldige Dich bei Deinem Kind. Sage zu ihm „Es war nicht okay, wie ich gerade mit dir gesprochen habe und das tut mir leid."

Gerade vorgestern habe ich mich bei meiner Tochter entschuldigt und meine schluchzende Tochter hörte ganz schnell mit dem Weinen auf und hörte mir zu, was ich zu sagen hatte. Wenn Du Dich bei Deinem Kind entschuldigst, merkt es, dass Du auch nicht perfekt bist. Und noch wichtiger: Es merkt, dass Du es ernst nimmst. Auch lernt es von Dir, was es tun kann, wenn es selbst einmal einen Fehler gemacht hat.

Strategien, wie Kinder in der Autonomiephase entspannter bleiben

Bist Du am Verzweifeln, weil Dein Kleinkind wegen einer gefühlten Kleinigkeit wieder einen Wutanfall bekommt?
Trotzdem ist die Autonomiephase (Trotzphase) eine wundervolle Zeit, in der sich Dein Kleinkind weiterentwickelt. Es entdeckt sich selbst und will seine eigenen Fähigkeiten ausprobieren. Und es kämpft mit allen Mitteln dafür, etwas alleine machen zu dürfen. Die Trotzphase ist ein weiterer Meilenstein in der Entwicklung Deines Kindes.
Manchmal kann ich staunend danebenstehen, was ein Kind innerhalb von kürzester Zeit alles gelernt hat, weil es sich gegen Hilfe sträubt und alles alleine machen will. Die Autonomiephase ist ein riesengroßer Antrieb für die Entwicklung vieler Fertigkeiten und Fähigkeiten des Kindes.
Die nun folgenden Strategien helfen Deinem Kind, weniger oft wütend werden zu müssen, weil es das bekommt, was es in diesem Moment braucht. Ich mach Dir nichts vor - Dein Kind wird wahrscheinlich trotzdem noch genügend Wutanfälle haben - aber die Anzahl der Wutanfälle gehen meiner Erfahrung nach mit diesen Strategien zurück. (Weitere praktische Tipps zur Trotzphase findest Du auch in meinem Buch „Die Trotzphase" - siehe dazu auch die Seite 125)

Strategie 78: Gestehe Deinem Kind – sooft es Dir irgendwie möglich ist – die Zeit zu, etwas alleine zu machen
Zwei kleine Hände greifen nach den Sandalen. Der Fuß erscheint und versucht, in die Schuhöffnung hinein zu treffen. Du siehst es auf einen Blick. Die Öffnung des Schuhs ist zu eng. Mit einem schnellen Griff Deinerseits wäre das Problem beseitigt - wenn da nicht die kleinen Hände wären, die Dich am Eingreifen hindern und Dich vehement wegschieben oder sich Dein Kind lautstark bei Dir beschweren würde.
Übersetzung: ICH! WILL! DAS! ALLEINE! MACHEN! Wenn ich bei meinem Sohn in diesem Augenblick darauf bestanden hätte, dass es schneller gehen muss und ich die Schuhöffnung aufmache, damit er hineinschlüpfen kann, dann hätte er sich gesträubt und verweigert. Es wäre ein unschöner Kreislauf entstanden: Ich versuche, ihm die Schuhe anzu-

ziehen und er wehrt sich dagegen.
Anstatt dessen ließ ich ihn bei dem Versuch, seine Schuhe anzuziehen gewähren, dann versuchte er es ein paar Mal und wenn er merkte, dass er es nicht schaffen würde und darüber seinen Unmut äußerte, bot ich ihm meine Hilfe an: „Soll ich dir helfen?“. Meistens nickte er sofort und zusammen zogen wir seine Schuhe an.
Die Zeit zugestehen, etwas alleine machen zu dürfen, kann sogar eine Zeitersparnis sein – je nachdem wie wütend Dein Kind über Dein Eingreifen werden kann und wie lange sich danach das Anziehen hinziehen würde.

Ein weiteres Beispiel aus meinem Leben: Mein Kleiner sitzt im Kinderwagen, während wir die Große vom Kindergarten abholen. Danach muss ich das Mittagessen fertig zubereiten. Alle haben Hunger. Nun aber will mein Kleiner noch mit seinem Bagger in der Einfahrt spielen, nachdem ich ihn aus dem Kinderwagen gehoben habe. Ich könnte ihn jetzt unter großem Protest und großer Enttäuschung einfach hineintragen. Die andere Möglichkeit ist, ihm fünf Minuten zu schenken, um Bagger zu spielen. Da es noch ein Mittagessen zu machen gibt, sage ich ihm, dass er KURZ spielen darf. Danach räumen wir den Bagger gemeinsam weg. Auch wenn er ein bisschen traurig darüber ist, geht er bereitwillig mit hinein.
Noch ein letztes Beispiel:
Es ist wieder Zeit zum Windeln wechseln. Mein Kleiner schüttelt vehement seinen Kopf: „Nein!“. Ich könnte ihn jetzt hochheben und auf den Wickeltisch legen. Oder ich schenke ihm etwas Zeit: „Du magst deine Windeln noch nicht wechseln lassen. Dann spiele noch ein bisschen und dann machen wir es.“
Ab ca. zwei bis drei Jahren kannst Du auch sagen „Wenn du bereit bist zum Windeln wechseln, dann gib mir Bescheid.“ Das gibt Deinem Kind die Möglichkeit, sein Leben mitzubestimmen. Das „Bescheid geben“ kann ein wenig dauern, deshalb brauchst Du für diese Möglichkeit mehr Zeit als fünf Minuten. Diese Strategie ist nur empfehlenswert, wenn Du keinen Termin hast, den Du einhalten willst.

Strategie 79: Versuche die Situation mit Humor zu entspannen
Du willst die Küche fertig aufräumen und danach mit Deinem Kind zum

Einkaufen fahren. Du kommst ganz langsam voran, weil Dein Kleinkind unmutig an Dir hängt oder an Deiner Hand zerrt, um Dich zum Mitspielen zu bewegen. Unmut steigt in Dir auf und Du befürchtest gleich einen Wutanfall Deines Kindes, wenn Du weiter aufräumst - anstatt mit ihm zu spielen.
Plötzlich erinnerst Du Dich an diesen Tipp. Humor. Und Du sagst: „Ja, wer hängt denn da an meinem Bein? Ist das ein Bär?“ (An dieser Stelle wird Dein Kind wahrscheinlich den Kopf schütteln) „Oder ist es ein Affe? (Dein Kind grinst jetzt bestimmt) Ah, jetzt weiß ich es: Du bist eine Ameise! (lacht Dein Kind etwa und schüttelt seinen Kopf?) Du bist nicht eine Ameise? Stimmt - Du bist ja mein Kind!“ (Dabei nimmst Du Dein Kind hoch in Deine Arme und knuddelst es ganz fest.)
Die Stimmung in der Küche wird nun etwas entspannter sein. Dein Kleinkind hatte eine amüsante Unterhaltung. Du musstest vielleicht sogar über die süßen Reaktionen Deines Kindes lächeln. Danach ist es oft einfacher, wieder entspannt miteinander zu reden, eigene Bedürfnisse und Wünsche mitzuteilen oder Dein Kind in Deine Tätigkeit mit einzubeziehen, damit es nicht gelangweilt an Dir hängt. Für Dein Kind ist es danach vielleicht auch wieder einfacher, Dich die Küche aufräumen zu lassen und sich selbst zu beschäftigen oder Dir zu helfen.

Strategie 80: Biete Alternativen an

Wenn Dein Kind mit etwas spielt, bzw. hantiert, Du das aber nicht möchtest (zum Beispiel mit einem Messer), dann biete ihm wie selbstverständlich eine Alternative an oder sage ihm, dass Du gerne Deinen Gegenstand mit seinem tauschen möchtest.
Dadurch ersparst Du Deinem Kind die Enttäuschung oder den Frust, den es empfinden würde, wenn Du ihm den Gegenstand einfach wegnehmen würdest. Ganz oft nehmen Kinder die Alternative oder einen Tausch ohne Zögern an und spielen glücklich weiter. Wieder ein Anlass weniger, um wütend zu werden.
Ein Beispiel: Dein Kind hat ein (scharfes) Messer erwischt. Nimm das Kindermesser aus der Schublade und sage ganz beiläufig: „Lass uns tauschen, ich brauche unbedingt dieses Messer!“ Dabei zeigst Du auf sein Messer und hältst ihm das Kindermesser hin.
Ein weiteres Beispiel: Wenn Dein Kind gerne auf die Knöpfe der Fernbedienung drücken mag, Du das aber nicht möchtest (selbst bei ausge-

schaltetem TV), dann kannst Du versuchen, Deinem Kind etwas anderes mit Knöpfen anzubieten. Ich mache das immer ohne große Erklärungen. „Schau, nimm das hier. Da darfst du drücken."

Strategie 81: Gib Hilfe zur Selbsthilfe

„Hilf mir, es selbst zu tun" ist ein bekannter Satz von Maria Montessori. Wenn es Dir möglich ist, Du genügend Zeit hast und eine Lösungsstrategie für Dein Kind weißt, biete Hilfe zur Selbsthilfe an. Du befriedigst den Drang nach Autonomie, weil Du Dein Kind immer noch etwas „alleine machen lässt."

Gleichzeitig zeigst Du ihm jedoch, wie es das auch schaffen kann - vielleicht nicht direkt beim ersten Mal - aber es wird mit jedem Mal besser. Dadurch verminderst Du die Anlässe, in denen Dein Kind normalerweise wütend werden würde, weil es etwas üben und selbst machen möchte, es jedoch noch nicht schafft.

Beispiel: Dein Kind möchte die Jacke alleine anziehen. Es versucht es immer und immer wieder. Du merkst, wie es langsam wütend wird. Über die Jacke, die nicht mitmachen will und auf sich selbst, weil es ihm nicht möglich ist, die Jacke alleine anzuziehen.

Du könntest jetzt Deine Hilfe anbieten mit „Soll ich dir helfen?" oder Hilfe zur Selbsthilfe geben: „Soll ich dir einen Trick verraten?", „Ja?", „So kannst du die Jacke einfacher alleine anziehen." Während Du das sagst, legst Du die Jacke auf den Boden und zwar so herum, dass das Kind am Kragen oben steht. Nun zeige Deinem Kind wie es mit beiden Armen gleichzeitig in die Ärmel der Jacke hineinschlüpfen kann, die Jacke dabei hochheben und über den Kopf nach hinten führen soll. Dabei rutschen die Arme in die Jackenärmel hinein. Das liest sich jetzt viel komplizierter als es ist. Probiere es einmal selbst.

Bereits 2-jährige haben bei mir diese Methode sehr erfolgreich angewandt. Ich habe es ihnen ein paar Mal zeigen müssen, damit die Jacke richtig lag und sie sich oben am Kragen positionierten. Damit die Jacke mit Schwung über den Kopf geht, braucht es etwas Übung. Dabei habe ich immer wieder geholfen, bis sie den Trick heraus hatten. Dann waren sie sehr stolz auf sich und darauf, dass sie die Jacke alleine anziehen konnten.

Ein weiteres Beispiel: Zeige Deinem Kind genau, wie es Klettverschlüsse aufmacht, sodass diese offenbleiben. Erkläre ihm, dass es viel leichter ist, den Schuh anzuziehen, wenn es die Schuhzunge vor dem Hineinschlüpfen nach oben zieht und mit einer Hand festhält. Weise Dein Kind darauf hin, dass es die Klettverschlüsse erst hochziehen muss, um die Schuhe enger zu machen. Erst dann kann es die Verschlüsse zu drücken.

Strategie 82: Dem Kind die Möglichkeit zum Verabschieden geben
Oftmals wird es Deinem Kind schwerfallen, eine geliebte Tätigkeit beenden zu müssen. Entweder weil Du nach Hause gehen willst, weil es Schlafenszeit ist oder ein anderer Termin ansteht. Für mich hat sich in solchen Situationen das „sich Verabschieden" bewährt.
Das hilft Deinem Kind den Übergang von einer Situation in eine andere zu schaffen, ohne vor Enttäuschung in (Wut-)Tränen auszubrechen.
Ein Beispiel: Dein Kind schaut seit zehn Minuten fasziniert den Pferden zu, die ihr während eines Spaziergangs entdeckt habt. Du willst langsam weitergehen und Du sagst zu Deinem Kind „Jetzt sagen wir Tschüss zu den Pferden." Dann winkst Du und rufst den Pferden ein fröhliches „Tschüss" zu. Dein Kind wird es Dir wahrscheinlich nachmachen – je nach Alter auf seine Art und Weise. Dann geht ihr gemeinsam weiter.

Strategien für ein entspanntes Einkaufen

Welche Eltern kennen das Horror-Szenario nicht. Du stehst im Supermarkt in der Schlange vor der Kasse und Dein Kind wird auf die Süßigkeiten aufmerksam, die dort aufgestapelt sind. Was tun? Etwas kaufen oder einen peinlichen Wutanfall riskieren?
In meiner 7-jährigen Tätigkeit als Nanny war ich unzählige Male mit bis zu drei Kindern gleichzeitig beim Einkaufen und mit dieser Frage des Öfteren konfrontiert. Da war mein Einfallsreichtum gefragt – wie kann ich diese Süßigkeiten- oder Spielzeugdiskussionen und evtl. Wutanfälle im Voraus abwenden? Daraus sind die nun folgenden Strategien entstanden:

Strategie 83: Die Einkaufszettel-Methode, um Wutanfälle im Supermarkt zu vermeiden:
Zu Hause schreibe ich den Einkaufszettel und erzähle den Kindern, dass wir all die Dinge, die auf dieser Liste stehen, benötigen.
Variation: Kinder malen, bzw. schreiben auf eine eigene Liste, was sie (von meiner großen Liste) in den Einkaufswagen legen dürfen. Da dauert das Einkaufszettel-Schreiben einfach länger, ist aber eine nette Beschäftigung für Kinder.
Wenn wir den Einkaufswagen holen, wiederhole ich, dass wir nun die Dinge auf meiner/unserer Liste im Geschäft finden müssen und diese in den Einkaufswagen legen werden. Alles, was nicht auf der Liste steht, bleibt in den Regalen stehen. Ich lese die Dinge vor, die am Anfang des Geschäfts zu finden sind und die Suche nach den Produkten geht los. Wenn ich eine bestimmte Milch haben möchte, sage ich: „Wer findet die Milch, die wir immer im Kühlschrank haben?"
Um erfolgreich an den Regalen mit Süßigkeiten innerhalb des Supermarktes vorbei zu kommen und Wutanfälle oder Diskussionen zu vermeiden, habe ich den Kindern zuvor immer eine Auswahlmöglichkeit gegeben: Zum Beispiel „welches Obst möchtest du heute mitnehmen?", oder „Du darfst dir einen Joghurt aussuchen für deinen Nachtisch heute Abend."
Bei den Süßigkeiten kann ich dann sagen: „Das steht leider nicht auf unserer Liste und du hast dir doch vorher einen leckeren Nachtisch aus-

gesucht." Oder wenn ich eine einzige Süßigkeit mitnehmen möchte: „Auf meiner Liste steht ein Päckchen Gummibären, wer findet sie zuerst?" Oder: „Heute nehmen wir ein Vanilleeis mit, das ist auch etwas Süßes, steht aber bei den Tiefkühlprodukten."
Bevor wir an die Kasse gehen, sage ich: „Jetzt sind wir fertig mit dem Einkaufen, nun kommt nichts mehr in unseren Einkaufswagen. Wir müssen die Dinge zum Bezahlen auf das Band legen." An der Kasse lasse ich die Kinder die Produkte auf das Band legen, um sie zu beschäftigen und wenn der Satz aufkommt: „Ich mag dies oder das", kann ich ganz gelassen reagieren und sagen: „Das steht nicht mehr auf der Liste, jetzt müssen wir bezahlen, kannst du noch die Butter auf das Band legen, bitte?"

Strategie 84: Bei älteren Kindern, die Taschengeld oder Geld geschenkt bekommen haben

Ältere Kinder (ab ca. fünf Jahren) diskutierten gerne mit mir, warum sie etwas haben wollten. Da dachte ich mir, das sei doch eine gute Gelegenheit für sie zu lernen, mit ihrem Taschengeld oder geschenktem Geld umzugehen. Anstatt dagegen zu reden, meinte ich, dass sie sich das gerne von ihrem Geld kaufen könnten. Ich kann das Geld auslegen, möchte es aber wieder zurückhaben.
Entweder war damit der Wunsch nach dem Produkt sofort weg oder sie wollten es haben. Dann habe ich ihnen bewusst gemacht, wie viel von ihrem Geld sie davon hergeben müssten und habe sie gefragt, ob sie es immer noch möchten. Wenn ja, habe ich es gekauft (wenn keine Gründe dagegen sprachen, aber dann bin ich nicht in diese Diskussion eingestiegen). Ich denke, die älteren Kinder haben ein Recht darauf zu lernen, mit Geld umzugehen. Auf diese Weise können sie die Beziehung zwischen Geld und Produkten viel besser verstehen lernen und sie üben sich im Einschätzen, ob das Produkt ihrer Wahl und der Preis dafür für sie stimmig ist.

Strategie 85: Dein Kind im Einkaufswagen beschäftigen

Jüngere Kinder bleiben gerne im Einkaufswagen sitzen, wenn es ihnen nicht langweilig ist. Du kannst es in den großen Einkaufswagen setzen, bevor er zu voll ist, und ihm die nicht zerbrechlichen Gegenstände reichen, die es dann in den Wagen (um sich herum) stapeln darf. Wenn es dort zu eng wird und es vorne sitzen muss, kannst Du es noch eine Weile bei Laune halten, wenn Du ihm Suchaufträge von Dingen gibst, die Du brauchst. Manche Kinder sind auch zufrieden, wenn Du ihnen ein mitgebrachtes Büchlein oder kleines Spielzeug gibst. Am besten, Du bindest das Spielzeug oder Buch zuvor an einer Schnur fest, die Du dann am Griff halten oder festbinden kannst, sodass es nicht ständig auf den Boden fällt.

Strategie für ein sich benachteiligt fühlendes Kind

Geschwisterkinder kämpfen sehr oft um die Aufmerksamkeit der Eltern. Auch wenn es mit zwei Kleinkindern manchmal sehr schwierig ist umzusetzen: Meine besten Erfahrungen habe ich damit gemacht, konsequent jeden Nachmittag eine 1:1 Zeit mit beiden Kindern zu haben. Diese muss nicht lange sein. Zum Beispiel zehn Minuten pro Kind.
Das hilft Deinem Kind, sich zu entspannen und Aufmerksamkeit zu tanken, sodass es danach wieder alleine oder mit dem Geschwisterkind spielen kann.

Strategie 86: Kampf der Kinder um Aufmerksamkeit
Sprich mit Deinen Kindern ab, dass Du mit beiden etwas alleine spielen wirst und frage, was sie gerne mit Dir machen möchten. Besprecht gemeinsam, wer zuerst mit Dir spielt und wer als nächstes. Sollte das zu einem Streit darüber führen, wer anfangen darf, bestimmst Du das nächste Mal. Betone auch, dass jeder an die Reihe kommt und gleich viel Zeit mit Dir verbringen darf.
Damit das Kind, das warten muss, es leichter hat, schaust Du gemeinsam mit ihm, was es in dieser Zeit selbständig spielen könnte und bestätigst ihm immer wieder, dass es danach auch ganz alleine und genauso lange mit Dir spielen darf.
Auch wenn das wartende Kind immer wieder zu Eurem 1:1 Spiel hinzukommt (was immer wieder geschehen wird bei jüngeren Kindern), bleibst Du im Spiel mit Deinem anderen Kind und sagst „Du kannst gerne zuschauen. Jetzt spiele ich noch mit deinem Bruder. Wenn wir das Spiel zu Ende gespielt haben, bist du dran!“.
Gerade bei jüngeren Geschwistern kommt es auch öfter einmal vor, dass sie das Spiel des anderen massiv stören. Dann kannst Du ihm Folgendes anbieten: „Magst du dich neben mich hinlegen und deinen Kopf auf meinen Schoß legen?“
Oder denk Dir irgendetwas aus, das es Deinem Kind ermöglicht, es auszuhalten, dass es jetzt nicht im Fokus Deiner Aufmerksamkeit steht und Dir trotzdem nahe ist. Zum Beispiel in den Arm nehmen oder über den Rücken streicheln während Du weiterhin mit dem anderen Kind spielst und interagierst.

Strategien, wie Dein Kind entspannt im freien Spiel sein kann

Das freie Spiel ist immens wichtig für die Entwicklung Deines Kindes - viel mehr noch als das gezielte Lernen von Farben, Formen und Zahlen. Es trägt ganz viel dazu bei, dass Dein Kind Erlebtes verarbeiten und nach seinen Bedürfnissen handeln kann. Beides hilft Deinem Kind ungemein, sich zu entspannen und ganz bei sich zu sein.
Was bedeutet das freie Spiel? Dein Kind darf selbst entscheiden, was es spielen möchte, für wie lange und mit wem:

- Will Dein Kind in diesem Moment malen, puzzeln oder Lego bauen?
- Wird es damit fünf Minuten oder eine halbe Stunde spielen?
- Will es alleine, mit Dir oder mit seiner Schwester spielen?

Spielen ist für Dein Kind Lernen und Spaß zugleich. Es ist nicht ausschließlich ein schöner Zeitvertreib. Aber Dein Kind verfolgt auch kein Ziel mit seinem Spiel (zum Beispiel: ich will heute einen Turm bauen lernen), sondern es geht ihm um die Tätigkeit selbst, die ihm Freude bereitet und ihm Lernerfahrungen ermöglicht.
Kinder die frei spielen, entwickeln sich nach ihrem inneren Bauplan, verarbeiten Erlebtes und konzentrieren sich. Dabei kommen sie zur Ruhe. Wie Du Dein Kind im dem so wichtigen freien Spiel unterstützen kannst, erfährst Du in den folgenden Strategien.

Strategie 87: Eine sichere Umgebung ermöglicht das freie Spiel
Gib Deinem Kind eine sichere Umgebung, damit es mit Freude erforschen kann und nicht ständig von einem „nein, das darfst du nicht" oder „das ist zu gefährlich" unterbrochen wird. Du musst aber auch nicht alle Deine Gegenstände wegräumen. Du kannst ein paar Zonen oder Regalfächer haben, die Dein Kind nicht in sein Spiel einbeziehen darf.
Wenn Dein Kind sich im Großteil der Wohnung frei bewegen und sich entfalten darf, dann wird es auch akzeptieren, wenn es ein paar Dinge nicht haben darf. Zur sicheren Umgebung gehört auch die emotionale Sicherheit: Schenke Deinem Kind Geborgenheit und Nähe, wenn es danach verlangt, sodass es danach wieder die Kraft hat, sich von Dir zu entfernen und die Welt zu erforschen.

Strategie 88: Greife Interessen Deines Kindes auf
Stelle Deinem Kind eine anregende Umgebung zur Verfügung. Lege Gegenstände, die es interessieren in die Reichweite Deines Kindes, damit es Gelegenheit hat, mit Freude und Selbständigkeit damit zu hantieren. Greife die Interessen Deines Kindes auf. Dein Kind lernt immer das am besten, für was es sich gerade interessiert und nicht das, was wir oder die Schule denken, was es heute lernen sollte. Beobachte Dein Kind, was es im Moment versucht zu machen (zum Beispiel Türme bauen, Brot schmieren, Deckel zuschrauben...) und greife diese Dinge auf bzw. stelle Materialien dafür zur Verfügung.

Strategie 89: Das Lerntempo Deines Kindes akzeptieren
Es gibt die unterschiedlichsten Tabellen, was ein Kind bis wann können sollte. Meiner Erfahrung nach entwickeln sich Kinder jedoch nicht nach einem Plan – zumindest nicht in allen Bereichen der Entwicklung. Sie hüpfen eher von einem Entwicklungsbereich zum nächsten. Solange eine Sache geübt wird (zum Beispiel das Laufen lernen) bleiben die anderen Entwicklungsbereiche öfter „stehen“ (zum Beispiel tut sich nicht viel in der Sprachentwicklung).
Je nach dem Interesse Deines Kindes wird es einen Bereich schneller meistern als einen anderen. Dadurch erklärt sich auch, warum manche Kinder mit elf Monaten laufen aber erst mit zwei Jahren sprechen und andere mit zwölf Monaten dafür ganz viele Wörter sprechen, jedoch erst mit achtzehn Monaten laufen.

Wir vergleichen unsere Kinder bewusst oder unbewusst mit anderen Kindern, bzw. Entwicklungstabellen. Manchmal können wir es gar nicht erwarten, dass ein Entwicklungssprung geschafft ist. Oder es fällt Dir schwer, beobachtend daneben zu stehen, wenn Dein Kind sich abmüht, etwas zu schaffen (zum Beispiel beim Steckspiel die richtige Öffnung zu finden). Weil Du als Erwachsene genau weißt, wie etwas am besten funktioniert, willst Du Deinem Kind das Wissen auch bereitstellen. Für Dein Kind ist es jedoch ein viel größerer Erfolg, wenn es etwas alleine geschafft hat. Die Freude und den Stolz über das Gemeisterte kannst Du in seinem Gesicht ablesen.
Deshalb empfehle ich Dir, Dein Kind erst einmal in seinem Tun zu beobachten. Wenn es sehr frustriert von einer Sache ist, dann kannst Du

Deine Hilfe immer noch anbieten („Soll ich dir helfen?"). Wenn das bejaht wird, dann ist die beste Hilfe die „Hilfe zur Selbsthilfe." Du schlägst einen Trick vor, bzw. gibst einen Hinweis, wie Dein Kind etwas alleine meistern kann („Schau wie der Bauklotz wackelt, wie könntest du ihn anders hinstellen, damit er besser steht?").
Durch Dein Hinführen an die Lösung meistert Dein Kind sein Problem fast alleine. Weil dieses Erfolgserlebnis mit intensiven freudigen Gefühlen verbunden wird, speichert das Gehirn Deines Kindes diese Erfahrung besser ab. Dadurch wird die Lernerfahrung intensiviert und das Kind ist motiviert, weiterhin mit Ausdauer, Einfallsreichtum und Selbstständigkeit zu lernen.

Strategie 90: Über den Umgang mit Fehlern
Kinder haben keine Angst vor Fehlern. Angst oder Unbehagen bei Fehlern lernen sie erst irgendwann von uns Erwachsenen. Kinder registrieren normalerweise Fehler, ärgern sich evtl. auch darüber und versuchen dann einfach erneut, etwas zu schaffen. Denn Fehler zeigen Deinem Kind, dass ihm noch etwas „fehlt" und es noch weiter üben muss, um erfolgreich zu sein. Sie wissen einfach, dass Fehler zum Lernen dazugehören und versuchen einen neuen Weg, um den Erfolg zu ermöglichen.
Deshalb ist es Deine Aufgabe, diese ursprüngliche Fehlerkultur („Mir fehlt noch etwas, ich muss noch mehr üben") Deines Kindes solange wie möglich aufrecht zu erhalten. Das kannst Du tun, indem Du nicht von Fehlern sprichst, sondern darüber, dass es noch etwas Übung braucht, bevor es klappen wird oder es in der Lösungsfindung unterstützt.
Strategien, bzw. gemeinsame Spielideen für Kinder unterschiedlichen Alters
Jüngere Kinder haben andere Spielbedürfnisse als ältere Geschwisterkinder. Das resultiert nicht selten in Frustrationen oder Streitigkeiten. Wäre es nicht schön, wenn Du mit allen Deinen Kindern gemeinsam und entspannt spielen könntest? Ich stelle Dir hier gemeinsame Kinderaktivitäten für verschiedene Altersgruppen vor - Spiele, die größeren und kleineren Kindern Spaß machen.

All diese Beschäftigungen haben etwas gemeinsam: Sie haben Variationen für unterschiedliche Altersstufen, sodass alle der gleichen Beschäftigung nachgehen können, aber auf unterschiedlichem Niveau. Deine

„Aufgabe“ ist es, das gemeinsame Spiel anzuleiten und zu schauen, dass jedes Kind eine für seine Fähigkeit entsprechende und interessante Spieltätigkeit findet, sodass es die anderen nicht aus Langeweile oder Frust ärgert.
Vielleicht inspirieren Dich diese Strategien auch, noch weitere Spielsituationen zu erfinden, bei denen alle Kinder nach ihren Fähigkeiten teilnehmen können?

Strategie 91: Kartonprojekte sind der Hit
Große Kartons eignen sich hervorragend für die Beschäftigung der Kinder unterschiedlichen Alters. Die ganz kleinen Kinder setzen sich in den Karton hinein und dürfen ihn nach Herzenslust bemalen. Für Dein 1,5 bis 2-jähriges Kind kannst Du oben in einen Karton Löcher hineinschneiden. Dann darf Dein Kind die Box verzieren und zuletzt kann Dein Kind alle Bälle und Kugeln zusammensuchen, die es besitzt und durch die verschieden großen Öffnungen (die Du im ersten Schritt gemacht hast) hineinfallen lassen. Ältere Kinder können sich ein Haus oder Auto daraus bauen.
Auch eine gemeinsame Hausbauaktion ist gut umzusetzen, bei der sich jeder beim Verschönern des Hauses einbringen kann. Jeder malt und klebt so gut er kann.

Strategie 92: Baut gemeinsam eine Erlebnisbahn
Du stellst mit Deinen größeren Kindern mit Hilfe von Stühlen, Seilen, Decken usw. einen Parcours auf, den alle Deine Kinder durchlaufen müssen - so wie ein Zirkeltraining in der Turnhalle.
Unter einem Stuhl müssen die Kinder durch robben, über den nächsten sollen sie klettern. Auf Seilen sollen sie balancieren und auf den Decken einen Purzelbaum machen.
Die Erlebnisbahn wird so aufgebaut, dass Dein jüngstes Kind den Parcours mit etwas Anstrengung alleine schaffen kann. Für Deine älteren Kinder baust Du dann „Schwierigkeiten“ ein - je nach Fähigkeiten des einzelnen Kindes:

Beispiele für ältere Kinder, die neben dem Grundparcours aufgestellt werden. Diese können beliebig von Dir verändert oder ergänzt werden:

- Stifte mit Zehen aus einem Behälter angeln
- mit einem Säckchen auf dem Kopf, etwas vom Boden aufheben, ohne dass das Säckchen runter fällt - oder noch schwieriger: den Parcours mit Säckchen auf dem Kopf meistern

Strategie 93: Spielt zusammen ein Gedächtnisspiel

Ihr sammelt zuerst unterschiedliche Gegenstände, die ihr in eine Box oder Kiste legt. Je nach Alter und Merkfähigkeit des Kindes, welches gerade dran ist, legst Du zwei bis fünf oder gar zehn bis fünfzehn Gegenstände auf den Tisch.

Du zeigst mit Deinem Finger auf jeden einzelnen Gegenstand und lässt es Deine Kinder benennen, sodass auch Deine jüngeren Kinder alle Gegenstände kennen.

Dann bestimmen Deine Kinder, welches Kind beginnen darf. Du bestimmst jedoch, wie viele Gegenstände für dieses Kind aus der Kiste herausgeholt werden dürfen und auf den Tisch gelegt werden (je nach Alter und Merkfähigkeit Deines Kindes). Das Kind, das an der Reihe ist, schaut sich die auf dem Tisch liegenden Gegenstände genau an, um sie sich einzuprägen. Dann muss es sich umdrehen. Eines der anderen Kinder (zum Beispiel das nächste Kind in der Reihe) darf einen der Gegenstände auf dem Tisch wegnehmen. Jetzt darf Dein Kind seine Augen wieder öffnen und raten, welcher Gegenstand fehlt. Danach kommen wieder alle Gegenstände in die Kiste und der Vorgang wiederholt sich für ein anderes Kind.

Strategie 94: Die Architektentasche

Du stellst Deinen Kindern Bausteine und vorgefertigte 1:1 Baupläne zur Verfügung, die Deine Kinder dann je nach Fähigkeit nachbauen oder auf dem Bauplan nachlegen können. Ältere Kinder können sogar weitere Baupläne für jüngere Kinder zeichnen.

Wie ich vorgegangen bin: Ich habe aus allen Bausteinen verschiedene ausgewählt und in eine Kindertasche gelegt:

- Alle Formen, die wir haben, in allen Farben die wir dazu haben

- Sondersteine wie Säulen, Dächer, Brücken, Rundungen habe ich mehrfach in die Tasche gelegt
- Eine Handvoll weiterer Grundsteine, für erweiterte Kreationen des Kindes

Dann habe ich mir ein einfaches Bauwerk gebaut und dieses auf Papier gebracht, indem ich die oberen Steine (einen nach dem anderen) auf das Papier legte und den Umriss nachmalte. Die entstandene Form malte ich in der Farbe des Bausteins aus, sodass das Bauwerk in gleicher Größe - nur zweidimensional - auf dem Papier zu sehen war.
Ich habe mehrere solcher Blätter mit unterschiedlichen Bauwerken gemalt, die meine Kinder dann nachbauen konnten – genau nach dem Plan des Architekten! Zu Beginn haben wir es gemeinsam gemacht, damit sie von unten nach oben bauen und auch die Farben beachten. Bald hatten sie den Dreh raus. Für jüngere Kinder kann es vereinfacht werden, indem das Kind die Bausteine auf den Architektenplan legt, anstatt es nachzubauen.

Strategien, um die Bedürfnisse der Kinder wahr und ernst zu nehmen

Kinder wollen gehört und gesehen werden, über sich bestimmen und exklusive Zeit mit ihren Eltern verbringen. Haben sie das Gefühl, dass das nicht der Fall ist, werden sie unruhig und suchen sich eine andere Art und Weise, um Aufmerksamkeit zu erregen, wie Streiten, Nörgeln, Quatsch machen. Um entspannte Kinder zu haben, sind diese Strategien von besonderer Bedeutung.

Strategie 95: Kinder wollen gehört werden
Damit Dein Kind das Gefühl hat, dass Du ihm zuhörst, braucht es Deine volle Aufmerksamkeit. Es ist wichtig, dass Du zu ihm Blickkontakt hältst, während es mit Dir spricht. Am besten ist es, Du hältst inne mit dem, was Du gerade tust - wenn das möglich ist. Wende Dich Deinem Kind ganz zu - ohne Ablenkung von zum Beispiel einem Smartphone.
Wenn das Innehalten und Aufmerksamkeit schenken gerade nicht möglich ist, dann empfehle ich Dir, nicht halbherzig zuzuhören, sondern Deinem Kind zu sagen, wann Du Zeit hast, ihm zuzuhören. Lass Dir kurz sagen, worum es geht, dass Du Dich nachher daran erinnern kannst.
Zum Beispiel: „Ich kann dir gerade nicht zuhören, weil (Grund einfügen). Sag mir kurz, um was es geht. Wenn ich hier fertig bin, komme ich zu dir und dann erinnere ich dich daran, was du mir erzählen wolltest."

Strategie 96: Zuhören in vier Schritten
Vielleicht hast Du von der Gewaltfreien Kommunikation nach Marshall Rosenberg gehört.
Er zeigt dort vier Schritte auf:

- Wahrnehmung
- Gefühl
- Bedürfnis
- Bitte

Diese vier Schritte kannst Du auch beim Zuhören anwenden. Wenn Dir

Dein Kind etwas erzählt hat, dann kannst Du kurz mit Deinen Worten zusammenfassen, was Du gehört hast. Beispiel: „Deine Freunde im Kindergarten wollten heute nicht mit dir spielen" (Wahrnehmung). Danach kannst Du nachfragen, wie es sich in der Situation gefühlt hat oder falls das zuvor in der Erzählung Deines Kindes vorkam, kannst Du dies fragend wiedergegeben: „Und da warst du traurig, oder?" (Gefühl).
An dieser Stelle kannst Du dann kurz das dahinterstehende Bedürfnis Deines Kindes benennen: „Weil du gerne zusammen mit deinen Freunden gespielt hättest."(Bedürfnis) Zum Schluss kannst Du noch mit Deinem Kind überlegen, was es in dieser Situation gerne anders gehabt hätte und wie es das schaffen könnte (Bitte).

Strategie 97: Kinder wollen Gesehen werden

Kinder wollen von Dir gesehen und wahrgenommen werden. „Schau Mama, wie hoch ich klettern kann", „Schau Papa, wie schön ich tanzen kann." Ganz schnell kann es passieren, dass Du Folgendes sagst: „Ja, super" oder „Toll machst du das."
In meiner Erfahrung jedoch befriedigen diese Antworten nicht das Bedürfnis des Gesehen-Werdens. Wenn überhaupt, wollen die Kinder noch öfter gesehen werden und zeigen dies und das her. Ich bin dazu übergegangen, anstatt meine Kinder zu loben, wenn sie etwas zeigen, einfach zu erwidern: „Ich sehe dich beim Klettern" oder „Ich sehe, wie du dich im Kreise drehst" oder einfach „Ich sehe dich!"
Das reicht vollkommen - kein Kind hat mich dann noch nach einer Bewertung wie „schön" oder „hoch" gefragt.

Strategie 98: Kinder wollen Zeit mit ihren Eltern haben

Im schnelllebigen Alltag mit vielen Terminen, Kinderaktivitäten und Haushalt kann es schnell passieren, dass die Zeit mit den Eltern knapp wird. Vor allem die Zeit, in der ein Elternteil voll präsent ist (und nicht im Geiste durchgeht, was es noch alles zu erledigen gibt, sobald das Kind im Bett ist).
Deshalb lege ich Dir ans Herz, Dir täglich (im Voraus) einen Zeitrahmen zu stecken, in dem Du Dich voll und ganz auf Dein Kind einlässt und mit ihm das spielst, was es spielen möchte. Das geht auch abwechselnd mit

mehreren Kindern. Sodass am Ende des Tages jedes Deiner Kinder das Gefühl hat, dass Du Zeit für es hattest. Das muss nicht viel sein. Fünfzehn bis dreißig Minuten helfen Deinem Kind, an Nähe zu Dir aufzutanken.

Strategie 99: Kinder wollen ihren Alltag mitbestimmen

Je älter Kinder werden, desto mehr möchten sie über sich und ihr Leben bestimmen. Wenn sie das nicht dürfen, dann sträuben sie sich oft gegen das, was die Eltern von ihnen erwarten. Deshalb lohnt es sich zu schauen, ob Du Deinem Kind nicht etwas mehr Selbstbestimmung zugestehen kannst, wenn eine Situation als schwierig erlebt wird. Manchmal reichen Kleinigkeiten aus - andere Male kann es eine größere Umstellung sein:

Kinder möchten oft selbst bestimmen, was sie anziehen. Das kannst Du ihnen noch leichter zugestehen, ohne Dir Gedanken um ihre Gesundheit zu machen (sind sie dann auch warm genug angezogen) wenn Du im Herbst, bzw. im Frühling den Kleiderschrank Deines Kindes durchgehst und die nicht wintertauglichen, bzw. nicht sommertauglichen Kleidungsstücke entfernst.

Ein anderes Beispiel wäre das Schlafen gehen. Gibt es nur noch Streit am Abend bzgl. dem ins Bett gehen (oft im Vorschulalter), dann könnte es eine Möglichkeit sein, das Kind selbst entscheiden zu lassen, wann es schlafen gehen möchte. Ich empfehle Dir, dieses Thema zuerst mit Deinem Kind über ein paar Tage hinweg zu besprechen und dabei auszuhandeln, wie das funktionieren kann. Bei uns war es so, dass meine Tochter gerne noch bei uns im Wohnzimmer sein wollte am Abend, aber mir ein Feierabend wichtig ist. Somit haben wir ausgemacht, dass sie im Wohnzimmer sein darf, solange sie ganz leise spielt oder Bücher liest, sodass ich mich konzentrieren kann und sobald ein Erwachsener den Fernseher anmacht oder sie laut wird, darf sie nicht mehr im Wohnzimmer spielen.

Schlusswort

Das waren nun die 99 Strategien für einen entspannteren Alltag mit Kind. Ich danke Dir, dass Du dieses Buch gekauft und Dir die Zeit zum Lesen genommen hast. Von ganzem Herzen wünsche ich Dir, dass Du, Dein Partner und Deine Kinder einen entspannten Alltag zusammen habt mit so viel Gelassenheit und Wertschätzung wie möglich und vielen schönen Momenten, die ihr genießen könnt.

Über mich

Ich heiße Petra Straßmeir. Ich bin Erzieherin und habe einige Jahre im Kindergarten und viele Jahre als Nanny in Familien gearbeitet, bis ich selbst Mutter von zwei Kindern wurde.
Seit 2013 blogge ich auf www.kleinwirdgross.de über den Alltag mit Kindern. Einige Strategien aus diesem Buch wirst Du dort wiederfinden, weil dieses Buch sozusagen das Buch zum Blog ist, das alle Tipps ordnet, zusammenfasst und ausbaut.
Im Jahr 2015 veröffentlichte ich mein erstes Buch über die Trotzphase bei Amazon und es folgten weitere E-Bücher für Eltern auf meinem Blog - zum Thema „spielerisch Aufräumen mit Kindern", „Haushalt mit Kind" und „Leitfaden für die Erziehung Deines Kindes."
Auf meinem Blog und in meinen Büchern helfe ich Eltern dabei, den Alltag mit ihren Kindern zu entspannen und zu erleichtern, sodass sie ihr Eltern-Sein und die Zeit mit ihrem Kind wieder richtig genießen können. Dabei habe ich die Bedürfnisse des Kindes immer im Blick.
Von 2014-2016 gab ich monatliche Elternkurse und seit Mitte 2016 leite ich eine Vorkindergartengruppe für Kinder zwischen ein und drei Jahren (zwei Vormittage pro Woche)
Das waren nun die Eckdaten von mir und jetzt gehe ich noch kurz darauf ein, wie sich meine Perspektive entwickelt hat:

Meine Ausbildung zur Erzieherin und meine langjährige Erfahrung mit Kindern (erst als Erzieherin, dann als Nanny und jetzt als Mutter) haben mir die Möglichkeit gegeben, mein pädagogisches Wissen mit dem Alltag einer Mutter zu vereinen. In der Zeit als Erzieherin, Nanny und jetzt als Mutter formten sich drei unterschiedliche Sichtweisen, weil ich die Alltagssituationen aus verschiedenen Perspektiven erleben durfte. Deshalb sehe ich nun den Alltag mit Kind häufig aus drei Blickwinkeln (als Erzieherin, Nanny und Mutter). Daraus ergeben sich die verschiedensten Lösungsstrategien bzw. Vorgehensweisen (was würde die Erzieherin, was die Nanny und was die Mutter tun?). Diese Kombination hilft mir, Eltern besser zu verstehen und sie in ihrem Alltag mit Kind zu unterstützen.
Das heißt jedoch nicht, dass ich es in jedem Moment schaffe, dieses Wissen bei meinen eigenen Kindern anzuwenden. Schlafentzug, anderweitige Alltagsprobleme und Zeitdruck haben mich eines Besseren belehrt

und auch, dass ich als Mutter viel tiefer in der Situation drinstecke und manchmal den klaren Blick auf die Situation verliere. Deshalb reagiere ich nicht immer so, wie ich es gerne möchte – bin somit alles andere als eine perfekte Mutter. Ich bin ein Mensch mit Stärken und Schwächen und das ist gut so.
Mein pädagogischer Hintergrund und meine Erfahrung mit vielen unterschiedlichen Kindern geben mir ein Wissen und erprobte Strategien an die Hand, die für mich wie ein erzieherischer Leitfaden geworden sind, zu denen ich immer wieder zurückkehre. Es ist wie ein inneres Navigationsgerät: Immer, wenn ich vom Weg (= meine Idealvorstellung) abkomme, ruft es mir zu: „Vom Weg abgekommen – bitte wenden!"
Ich wünsche mir sehr, dass das Zusammenbringen von Wissen und Erfahrung einerseits und dem Alltag einer Mutter andererseits, Dir ein wertvolles Buch an die Hand gibt, das Du im Alltag als Mutter/Vater umsetzt und Dir trotzdem ohne schlechten Gewissens Fehler zugestehst.

Weitere Bücher der Autorin

Kurzbeschreibung Aufräumen mit Kind:
Hast du genug davon, zehn Mal zu sagen, dass dein Kind jetzt aufräumen soll? Würdest du lieber schnell mit deinen Kindern aufräumen und die Zeit danach für eine schöne Beschäftigung mit deinen Kindern nutzen? Aber dein Kind hört einfach nicht auf dich, wenn es das Wort Aufräumen hört und spielt weiter - solange bis du lauter wirst oder es einfach selbst aufräumst. Vielleicht fragst du dich, wie du aus diesem Teufelskreis wieder heraus kommst und deinen Kindern Leichtigkeit beim gemeinsamen Aufräumen vorleben kannst. Es gibt etwas, das Leichtigkeit in das Thema Aufräumen für Eltern und Kinder bringt: Spielend Aufräumen! Wenn du es schaffst, den Spieltrieb deines Kindes mit dem Aufräumen zu verknüpfen, ist ein entspanntes Aufräumen möglich. Mein E-Buch: „Aufräumen mit Kind - die 15 besten Aufräumspiele für einen entspannten Alltag" hilft dir mit abwechslungsreichen Aufräumspielen, die Verbindung von Spiel und Aufräumen zu schaffen. Du wirst deine Kinder für das Aufräumen begeistern, da die Aufräumspiele das Aufräumen mehr wie ein gemeinsames Spiel erscheinen lassen.

http://kleinwirdgross.de/produkte/

Kurzbeschreibung: Dein Leitfaden für die Erziehung deiner Kinder:

Ist es dir schon einmal so ergangen, dass du Erziehungstipps nicht Umsetzen konntest und dich deswegen schlecht gefühlt hast? Sehnst du dich nach einer Anleitung, wie du dich am besten im Umgang mit deinem Kind verhalten sollst, gerade wenn dein Kind dich in manchen Situationen herausfordert? Eine Anleitung, die zu dir passt - die auf deine Werte und Ansichten zugeschnitten ist? Steht dir deine Unsicherheit in Erziehungsfragen im Weg, um klar und liebevoll aufzutreten? Mit diesem E-Arbeitsbuch erstellst du dir deinen ganz eigenen Leitfaden für die Erziehung deiner Kinder, der nur auf dich und deine Kinder zugeschnitten ist. Es ist ein wundervolles Gefühl, wenn du dir deiner Werte, Ideale und Prioritäten in der Erziehung bewusst bist, Erziehungsziele hast und weißt, wie du deine Kinder in ihrer Entwicklung begleiten möchtest. Nach dem Ausfüllen dieses Leitfadens erkennst du sofort, wenn du dich nach deinen Werten, Idealen, Erziehungszielen verhältst und wann nicht - dann kannst du schnell eine Kursänderung einlegen.

http://kleinwirdgross.de/produkte/

Kurzbeschreibung: Fröhlich mit Kind den Haushalt erledigen:
„Das bisschen Haushalt, macht sich von allein." Kennst du noch diesen Schlager? Alle Eltern stellen bald fest, dass dem nicht so ist. Vielmehr ist es eine Herausforderung, den Haushalt mit Kind(ern) auf die Reihe zu bringen. Manchmal ist es sogar zum Verzweifeln. Ich weiß nicht, wie es dir geht, aber seitdem ich Kinder habe, habe ich das Gefühl, Haushalt sei eine niemals endende Aufgabe geworden. Es gibt bei zwei Kindern gefühlt vier Mal so viel Wäsche wie zu kinderlosen Zeiten. Die Spülmaschine scheint im Dauereinsatz zu sein und über die unheimliche Vermehrung der Krümel unter unserem Esstisch schweige ich lieber! Auch wenn sich der Haushalt leider nicht von alleine macht, muss er dir nicht zur Last fallen oder dir wertvolle Zeit mit deinem Kind stehlen. Es gibt einen Weg, wie du Haushalt mit Kinderzeit verbinden kannst.

http://kleinwirdgross.de/produkte/

Kurzbeschreibung: Die Trotzphase:

Fühlst du dich angesichts der Wutanfälle deines Kindes in der Trotzphase hilflos, unsicher oder gar verzweifelt? Suchst du nach praktischen Tipps, wie du auf Wutanfälle reagieren kannst? Oder willst du wissen, welche Möglichkeiten du hast, einige Wutanfälle deines Kindes nicht entstehen zu lassen?

Dieses Buch

- hilft dir, dein Kind und die Trotzphase zu verstehen
- beschreibt, wie du auf Wutanfälle reagieren kannst
- zeigt dir, was dein Kind in der Trotzphase von dir braucht
- hilft dir, um ruhiger und gelassener mit der Trotzphase umzugehen
- gibt dir eine Menge praktischer Tipps, wie du die Anzahl der Wutanfälle reduzierst und potentielle Wutanfall-Situationen entschärfen kannst

http://kleinwirdgross.de/produkte/

23655116R00072

Printed in Poland
by Amazon Fulfillment
Poland Sp. z o.o., Wrocław